B2 - C1

AVANCÉ

Jacques Pécheur



# CIVILISATION PROGRESSIVE DU FRANÇAIS

2e édition

avec 500 activités

CLE INTERNATIONAL

www.cle-international.com

Direction éditoriale : Béatrice Rego
Édition : Brigitte Faucard
Mise en page : Dominik RABOIN – DOMINO


ISBN : 978-209-035096-5

# SOMMAIRE

# Corrigés

## Repères/HISTOIRE

## 1 DES « TRENTE GLORIEUSES » (1945-1975) AUX ANNÉES DE DOUTE

### — 1945-1958 : RECONSTRUIRE p. 9-11

1 Morts, blessés, détruits, ruine, effondré, ruiné.

2 **a.** un programme ; **b.** un secteur ; **c.** une reconstruction ; **d.** une participation ; **e.** un soutien.

3 *présidentielle* : la V^e^ République ; *parlementaire* : la IV^e^ République.
Le régime parlementaire repose sur le pouvoir des deux assemblées qui constituent le Parlement. Le Président du Conseil détient son pouvoir du Parlement. Les partis politiques, par les jeux d'alliances, jouent un rôle déterminant ; ils ont la capacité de faire et défaire les majorités.
Le régime présidentiel repose sur le Président qui détient son pouvoir directement du suffrage universel. Ses pouvoirs sont étendus : chef des armées, chef de l'administration ; il nomme le Premier Ministre ; il peut dissoudre l'Assemblée nationale et disposer de pouvoirs étendus en cas de crise.

4 Résolution des crises coloniales ; alternance politique ; cohabitation.

5 Reconnaissance du soutien effectif au nazisme du régime de Vichy ; caractère fasciste du régime ; rôle joué par l'administration française dans l'aide à l'occupant nazi ; antisémitisme.

6 *Général de Gaulle*. Élevé dans une culture de grandeur nationale, Charles de Gaulle (1890-1970) choisit la carrière d'officier. Il est fait prisonnier lors de la Première Guerre mondiale. Il défend une stratégie militaire qui prône l'usage des divisions de blindés dans la guerre contemporaine. En mai 1940, colonel, il est placé à la tête d'une division blindée et mène plusieurs contre-attaques ; il est promu général de brigade à titre temporaire le 25 mai 1940. Il est nommé sous-secrétaire d'État à la Guerre et à la Défense nationale pendant l'exode de 1940. Il rejette l'armistice demandé par Pétain à l'Allemagne nazie. De Londres, il lance, à la BBC, l'appel du 18 juin au peuple français pour résister et rejoindre les Forces françaises libres. Condamné à mort et déclaré déchu de la nationalité française par le régime de Vichy, il veut incarner la légitimité de la France et être reconnu en tant que puissance par les Alliés. Ne contrôlant que quelques colonies mais reconnu par la Résistance, il fusionne, en 1943, la France libre au sein du Comité français de libération nationale, dont il finit par prendre la direction. Il dirige le pays à la Libération et devient président du Gouvernement provisoire de la République française de 1944 à 1946.
*Jean Moulin* (1899-1943) est un haut fonctionnaire et résistant français. Préfet, il refuse l'occupation nazie et rejoint, en septembre 1941, l'organisation de résistance la France libre à Londres. Il est envoyé à Lyon par Charles de Gaulle pour unifier les mouvements de la Résistance. Il est arrêté le 21 juin 1943 et conduit au siège de la Gestapo à Lyon où il est torturé. Il fonda, coordonna et dirigea le Conseil national de la Résistance. Considéré comme l'un des principaux héros de la Résistance, il est fait compagnon de la Libération en 1942. Une urne funéraire lui est dédiée au Panthéon, à Paris, où se trouvent les tombeaux des grands personnages de la République française.
*Rol-Tanguy* (1908-2002), dit « Colonel Rol-Tanguy », est un militant communiste français, volontaire des Brigades internationales pendant la Guerre d'Espagne (1936-1938), membre dirigeant de la Résistance pendant la Seconde Guerre mondiale. Responsable des Francs-Tireurs-Partisans de la région parisienne, puis colonel des Forces françaises de l'intérieur (FFI), il est principalement connu pour avoir mené de l'intérieur la libération de Paris en août 1944 avant l'arrivée de la 2^e^ division blindée du général Leclerc.

7 *Lacombe Lucien*, récit d'apprentissage, questionne l'héroïsme de l'engagement au regard du hasard des circonstances.
*Bon Voyage*, comédie d'action, introduit la question des choix et de l'engagement dans une situation historique confuse (débâcle de juin 1940) où tous les repères se brouillent.
*La Rafle* pose la question de l'obéissance des agents de l'État et de l'application de décisions qui leur paraissent contraires à leurs convictions, au droit, ou à la justice.

## — 1958-1975 : MODERNISER p. 13-15

1 Donner, fixer; atteindre; poursuivre.
2 **a.** fondateur; **b.** gestionnaire, rigoureux; **c.** réformiste; **d.** audacieux; **e.** volontariste.
3 La forte croissance des années 1945 à 1975.
4 **a.** Jean Monnet; **b.** Antoine Pinay; **c.** Général de Gaulle; **d.** Georges Pompidou.
5 **a.** complexe pétrochimique; **b.** autoroute; **c.** tunnel; **d.** réseau autoroutier; **e.** pont; **f.** complexe sidérurgique.
6 *Handicaps :* inflation; dépenses publiques; faiblesse de la monnaie.
*Choix stratégiques :* modernisation de l'agriculture; lancement de grands projets industriels; aménagement du territoire; investissement dans les domaines de pointe; constitution de grands groupes industriels.
7 Perspective européenne voulue par Jean Monnet et poursuivie par le Général de Gaulle et Georges Pompidou.
10 1. Un des leaders de la révolte étudiante.; 2. La colère dans les universités est à l'origine de mai 1968; c'est aussi la plus importante grève générale du vingtième siècle en France; elle a mobilisé les étudiants puis les ouvriers et finalement toute la société; c'est une mobilisation contre les institutions et le capitalisme.; 3. Fini les barricades aujourd'hui même si on continue à manifester dans les rues; plus d'assemblées générales ou de réunions dans un amphi, ça passe par Internet, c'est hyperconnecté : avec les portables, avec Facebook, on peut réagir beaucoup plus rapidement.; 4. L'engagement des jeunes aujourd'hui est plus ponctuel, plus variable, sur des thèmes comme le féminisme, l'écologie, la politique, la lutte contre les discriminations.

## — 1945-1962 : DÉCOLONISER p. 17-19

1 **a.** accords qui vont permettre de mettre fin à la Guerre d'Algérie; **b.** défaite de l'armée française; **c.** putsch des généraux en 1962; **d.** accords d'indépendance du Laos, Cambodge et Vietnam; **e.** exposition coloniale internationale.
2 Émancipation; indépendantiste; droits des peuples; autodétermination; décolonisation; autonomie.
3 **a.** 6; **b.** 3; **c.** 4; **d.** 5; **e.** 2; **f.** 1.
4 « La plus grande France »; la superficie (11 millions de km²); le fait que dans son histoire, la France n'a jamais couvert un territoire aussi vaste.
5 **a.** discours de Brazzaville; **b.** loi Deferre; **c.** indépendance effective des Pays d'Afrique.
6 Bourguiba; Senghor; Houphouët-Boigny.
7 Hô Chi Minh (1890-1969). Fils d'une famille de lettrés-fonctionnaires vietnamiens, il fait ses études à Hue et quitte le Vietnam pour la France en 1911. De là, il voyage vers le Maghreb, l'Afrique et l'Amérique du Nord. En 1920, il adhère au Parti communiste français et il crée en 1930 le Parti communiste indochinois. En 1945, avec l'appui des Américains, il proclame l'indépendance de la République démocratique du Vietnam. Il mène ensuite deux guerres, la première contre l'impérialisme colonial français qui aboutit à la défaite française de 1954, et à la partition du Vietnam en deux États, et l'autre contre l'impérialisme américain qui s'achèvera après sa mort en 1969 par la chute de Saïgon (1975) et les accords de Paris qui officialisent l'unification du Vietnam. Hô Chi Minh, appelé familièrement « Oncle Hô », est une figure singulière et populaire du mouvement révolutionnaire et décolonisateur du XXe siècle.
8 Car elle va opposer des Français entre eux : Français de métropole et Français d'Algérie; partisans de l'Algérie française et partisans de l'indépendance; soutiens et opposants au général de Gaulle.

## — 1975-2... : S'ADAPTER À LA MONDIALISATION p. 21-23

1 **a.** part de l'agriculture dans l'emploi; **b.** part de l'industrie dans l'emploi; **c.** part des services dans l'emploi; **d.** part de l'emploi public; **e.** part de la richesse nationale absorbée par l'État.
2 **a.** des mesures douloureuses; **b.** la réussite; **c.** l'augmentation; **d.** la destruction; **e.** l'efficacité; **f.** la complexification; **g.** le progrès, l'essor, le développement.
3 La lutte contre le chômage et faire en sorte de rendre la crise indolore aux Français.
4 Politique de relance de la consommation et de soutien du pouvoir d'achat; politique d'amélioration de la compétitivité et de modernisation industrielle.

5 Réduction de la durée du temps de travail; retraite à 60 ans; création du revenu minimum d'insertion (RMI) et de la contribution sociale généralisée (CSG).

7 **a.** un État omniprésent; un secteur public lourd; un endettement public colossal; **b.** création de groupes industriels performants.

8 *Pistes de réflexions :* La reconstruction de la France après la Seconde Guerre mondiale s'est faite sous la conduite de l'État à la fois planificateur, stratège par les nationalisations de grands secteurs de l'économie et protecteur par la mise en place d'une politique sociale égalitaire et redistributrice. Ce modèle a été porteur d'un incontestable développement de la France jusqu'au milieu des années 1970. Les crises pétrolières des années 1970 ont abouti à une gestion administrée du chômage incapable de le faire baisser et objet d'une première remise en cause de la capacité de l'État à créer les conditions d'un retour vers l'emploi malgré des politiques généreuses de plus en plus coûteuses mais inefficaces. La mondialisation, synonyme de concurrence, de réactivité et d'adaptabilité a mis en évidence les limites d'un État décideur sur tout, frein à la productivité, dispendieux par rapport aux services rendus et surtout incapable de se réformer lui-même pour s'adapter à la nouvelle donne.

11 1. une *bonne* nouvelle; une réaction *positive*; un accord *universel, ambitieux, contraignant.*; 2. limiter la hausse du thermomètre à un degré et demi; effort le plus important demandé aux pays développés; un fonds d'aide de cent milliards de dollars; une évaluation tous les cinq ans de la réalisation des objectifs.; 3. Pas assez contraignant concernant les énergies fossiles responsables du dérèglement climatique; pas de moratoire sur l'extraction de gaz de schiste.; 4. Une action contre les intérêts des compagnies pétrolières et des pays producteurs de pétrole.

## — S'ADAPTER : DÉFINIR UN NOUVEAU RAPPORT À L'ÉTAT p. 25-27

1 **a.** principe supérieur dans lequel s'incarne l'État qui gère directement la relation entre l'individu et la société au-delà des intérêts particuliers.; **b.** principe défendu par l'État au nom de la Nation.; **c.** protection que l'État « médecin du corps social » doit au citoyen.

2 **a.** *le lien :* le contrat, la relation, le rapport, la cohésion, adhérer, protecteur.; **b.** *la critique :* la révolte, l'hostilité.

3 *Choix de blagues*

1. L'administration publique est le seul endroit où l'on ne risque pas de voler la pendule qui est au mur… Tout le monde a les yeux fixés dessus.

2. C'est l'histoire du fonctionnaire qui se réveille en sursaut, dans son bureau, à 6 heures du soir. « Merde ! J'ai travaillé une heure de trop ! »

3. Dans un ministère :
- Durand ! Ça fait trois fois que je vous surprends en train de dormir au bureau, je vais sévir !
- Mais c'est pas ma faute, c'est à cause de vos chaussures, chef…
- ?
- Ben oui, avec vos nouvelles semelles de crêpe on ne vous entend plus venir…

4. En début d'année scolaire, une institutrice demande à Gérard :
- Que fait ton père ?
- Il est fonctionnaire.
- Et ta maman ?
- Elle ne fait rien non plus.

5. L'administration publique est le seul endroit où ceux qui arrivent en retard croisent ceux qui partent en avance.

6. Savez-vous pourquoi les fonctionnaires ne regardent pas par la fenêtre le matin ? C'est pour se garder du boulot pour l'après-midi !

7. Les fonctionnaires sont les meilleurs maris : quand ils rentrent à la maison, ils ne sont pas fatigués et ont déjà lu le journal.

4 l'État en tant qu'organisation est le gardien de la souveraineté indivisible, protège la liberté et l'égalité; il a pour mission d'assurer la cohésion nationale; la Nation est l'assemblée des citoyens qui adhère volontairement à l'autorité supérieure de l'État.

5 **a.** santé; **b.** vie sociale; **c.** protection sociale.

6 L'impôt et la bureaucratie.

7 *critique de la fiscalité* : a; *critique de la bureaucratie* : b et c.

8 L'incapacité à résoudre la question du chômage; la dégradation du système de protection sociale, l'endettement de l'État.

# 2 VIE POLITIQUE ET INSTITUTIONS

## — LA RÉPUBLIQUE DES PARTIS POLITIQUES p. 29-31

1 **a.** entente entre les partis; domaine affectif, commercial; **b.** alliance de circonstance ou de conviction; domaine religieux, familial, stylistique; **c.** coalition de centre gauche; domaine historique; **d.** soutien du PC; domaine psychologique, juridique, économique.

2 **a.** gouvernement SFIO-MRP; **b.** coalition de centre gauche.

3 Dans le cadre du régime parlementaire où l'assemblée contrôle tout, ce sont les partis qui font et défont les gouvernements au gré des alliances, des promesses et des avantages négociés.

4 Le Président du conseil est nommé après consultation de l'Assemblée; le gouvernement est responsable collectivement devant l'Assemblée et l'Assemblée a le pouvoir de le censurer.

5 *Réussites :* la reconstruction du pays après la Seconde Guerre mondiale; la création des conditions d'un fort développement économique (Plan Marshall); l'ancrage européen de la France; le début du désengagement colonial.; *Échecs* : l'instabilité politique et monétaire; la question algérienne.

6 Rôle de Jean Monnet et de Robert Schumann dans la conception du processus de construction européenne; plan Schumann de 1950; création de la communauté européenne du charbon et de l'acier (CECA) en 1951; négociation et signature du Traité de Rome (1957) qui crée le Marché Commun.

7 Le Parti communiste français, grâce aux figures de ses chefs militaires dans la Résistance (Colonel Fabien, Rol-Tanguy), à ses organisations paramilitaires dans les maquis (FFI, forces françaises de l'intérieur), ses fusillés, ses martyrs des camps, sort de la guerre avec un très grand prestige. Il exerce une influence considérable dans les médias à travers les journaux nés dans la Résistance et au travers de ses propres journaux (*L'Humanité*), hebdomadaires (*L'Humanité Dimanche*, *Les Lettres françaises*) ses revues (*La Pensée Libre*), ses magazines pour la jeunesse (*Pif*). Il bénéficie du soutien d'intellectuels (Sartre), d'artistes (Picasso), d'écrivains (les poètes Aragon et Éluard), d'acteurs (Yves Montand et Simone Signoret), de chanteurs (Jean Ferrat) mais aussi de cinéastes. Étudiants, émancipation des femmes, associations sportives, humanitaires, le PCF est présent avec une image progressiste dans tous les domaines de la vie de la société.

8 *Pierre Mendès-France* (1907-1982) est la figure mythique de l'Homme d'État rigoureux et exigeant et du réformisme de gauche. Président du Conseil en 1954, il met fin à la guerre d'Indochine (1954) et met en œuvre le processus d'indépendance de la Tunisie et du Maroc. Sur le plan intérieur, il conçoit un grand programme de construction de logements.

*Antoine Pinay* (1891-1994) a été un homme politique important de la IVe République (Président du Conseil en 1952) et du début de la Ve République (Ministre des finances de 1958 à 1960). Son nom est synonyme de rigueur financière et de défense de la monnaie. L'emprunt d'État qui porte son nom reste dans la mémoire heureuse de tous les épargnants.

10 **a.** une personnalité (un maire, un député, un sénateur un président) choisie par un groupe de personnes dans le but d'une mission précise, qui représente au mieux les personnes qui l'ont élu et qui répond à ses engagements; **b.** par exemple le dalaï lama, la façon dont il est identifié quand il est enfant et qui devient l'élu; **c.** l'élu de mon cœur, l'homme ou la femme que j'aime; **d.** les délégués de classe ou les étudiants qu'on élit dans les associations.

## — LA RÉPUBLIQUE DES PRÉSIDENTS p. 33-35-37-39

1 **a.** le président concentre les principaux pouvoirs; **b.** le président doit gouverner avec une majorité différente de ses opinions; **c.** une majorité de gauche succède à une majorité de droite; **d.** combine l'économie de marché (libéral) et la protection sociale en matière de santé et d'emploi (social).

2 *De Gaulle :* k; *Pompidou :* c; *Giscard d'Estaing :* a, h; *Mitterrand :* b, g, j; *Chirac :* e, i; *Sarkozy :* d; *Hollande :* f.

3 Le président de la République est élu au suffrage universel; il dispose de pouvoirs étendus : il nomme le Premier ministre; il est le chef des armées et de l'administration; il a le pouvoir de dissoudre l'Assemblée nationale; il dispose d'importants pouvoirs en cas de crise.

4 Le président peut contourner les assemblées et recourir au référendum pour faire approuver certaines décisions. Avec l'article 16 de la Constitution, il peut disposer pour un temps des pleins pouvoirs. Il peut

aussi gouverner par ordonnance : le Parlement ne discute pas les lois, il n'a que la possibilité de les approuver.

5 Les partis sont désormais au service du projet et de la stratégie présidentielle; ils assurent sa mise en application et organisent la communication politique pour le soutenir; la conquête du pouvoir présidentiel guide toute leur stratégie mais ils deviennent aussi le lieu où s'expriment les ambitions de leurs leaders et où se créent de véritables clans qui menacent leur unité comme l'a montré, à l'occasion de l'élection présidentielle de 2017, l'éclatement des deux principaux partis de gouvernement : le parti socialiste et le parti de droite, Les Républicains.

6 Grâce à sa Constitution, le pays a des institutions assez souples pour se plier à toutes les configurations : alternance, cohabitation et hyperprésidence.

7 La remarque met l'accent sur l'extrême diversité des Français : diversité ethnique, géographique, historique, culturelle, sociale. Toute volonté politique doit donc s'efforcer de les rassembler, de leur montrer que ce qui les unit (la France) est plus grand que ce qui les divise et qu'ils ont un devoir de dépassement et de responsabilité par rapport aux vingt siècles d'histoire qu'ils ont reçu en héritage et dont ils sont comptables. D'où la fameuse citation d'Ernest Renan (1823-1892) : « *L'existence d'une nation est un plébiscite de tous les jours* ». C'est un contrat.

8 Si le général de Gaulle a fait sien les objectifs du Traité de Rome de 1957, il considère qu'aucune organisation ne pourra perdurer si elle nie l'Europe des Nations. Il met donc l'accent sur le Traité d'amitié franco-allemand (1963) afin de faire du « couple » franco-allemand le moteur de l'Europe. Ses successeurs (Pompidou, Giscard d'Estaing, Mitterrand, Chirac) vont tous soutenir les différents élargissements de l'Europe. À Pompidou, on doit l'élargissement le plus spectaculaire, l'entrée du Royaume-Uni dans l'UE et à Chirac le grand élargissement aux pays d'Europe centrale et orientale. Avec Giscard d'Estaing, la construction européenne économique (création du serpent monétaire) et politique (élection du Parlement européen au suffrage universel) s'accélère; avec Mitterrand et Jacques Delors, elle aboutit au Traité de Maastricht de 1992 qui fonde l'Union européenne et crée l'espace Schengen de libre circulation. C'est sous Jacques Chirac que se réalise la création la plus spectaculaire, celle de la monnaie unique, l'Euro (2002). Avec Sarkozy, elle permet l'adoption du Traité de Lisbonne (2008), traité d'unification institutionnelle. Mais Sarkozy, Hollande et Macron ont à gérer les années de crise : crise financière de 2008-2009 pour Sarkozy avec le risque d'éclatement de la zone euro; crise migratoire de 2015 avec le risque de disparition de la zone Schengen; crise sanitaire et économique de 2020.

9 De 1958 à 1983, on peut dire que les Français adhérent à une transformation institutionnelle, économique et sociétale rapide de la France : changement de constitution et de gouvernance qui conduit à une grande stabilité politique (de Gaulle); restructuration industrielle, ouverture à la concurrence, modernisation, stabilité monétaire qui créent les conditions économiques du plein emploi et assurent l'enrichissement de l'ensemble des Français (Pompidou); prise en compte des aspirations des jeunes (droit de vote à 18 ans), attention à la condition des femmes (contraception, interruption volontaire de grossesse, divorce par consentement mutuel) (Giscard d'Estaing); abolition de la peine de mort (Mitterrand) créent les conditions d'une société plus libérale et plus ouverte.

À partir de la crise de 1979 et de l'augmentation massive du chômage, les Français sont demandeurs de protection, de droits et se méfient de tout changement qui porterait atteinte aux droits acquis. Cette crispation sociale rend difficile toute réforme de structure (allongement du temps de cotisation pour la retraite) (Sarkozy), droit du travail pour favoriser la mobilité (Macron) qui suscite grèves et mécontentements. Dans une période d'instabilité, la conservation du modèle social qui absorbe pourtant presque un tiers de la richesse nationale produite chaque année est un impératif politique qui bloque largement la transformation et l'adaptation du pays à la nouvelle donne économique. Et ce n'est pas la crise sanitaire de la COVID qui viendra modifier aujourd'hui cette attitude conservatrice des Français et ce « quoiqu'il en coûte » comme l'a affirmé le Président Macron.

10 Les grandes réformes de l'État ont touché l'organisation des pouvoirs avec la régionalisation commencée avec le général de Gaulle, poursuivie par Georges Pompidou (dans une perspective pour les deux de déconcentration et d'efficacité de l'État), amplifiée par François Mitterrand (transfert politique du pouvoir) et complétée par François Hollande (création de dix grandes régions).

Elles ont aussi concerné l'armée avec le passage sous la présidence de Jacques Chirac à une armée de métier réclamée par le général de Gaulle dès le début des années 1930. Dans le domaine de la justice, Nicolas Sarkozy a fait procéder à une refonte de la carte judiciaire; soucieux d'améliorer la gestion de l'État, il a instauré une révision générale des politiques publiques. Enfin dans le domaine social, les présidences Chirac, Sarkozy et Macron se sont attachées à la réforme du financement de la politique sociale (régimes de retraite et sécurité sociale) mais en se heurtant à des oppositions corporatistes puissantes.

11 Deux grands types de politique. Une politique de la demande soucieuse de l'amélioration du pouvoir d'achat et de relance de la consommation qui s'accompagne de mesures sociales généreuses (réduction du temps de travail, allongement des congés; avancement de l'âge de la retraite) et d'un accompagnement du chômage : cette politique a été menée sous la présidence de Giscard d'Estaing par Jacques Chirac (1974-1976), de François Mitterrand (gouvernements Mauroy et Rocard), de Jacques Chirac (gouvernement Jospin (1997-2002) et de François Hollande. Une politique de l'offre soucieuse de la valeur de la monnaie, de la maîtrise de l'inflation, de la compétitivité industrielle, de la déréglementation et de la réforme de l'État : cette politique a été initiée par le général de Gaulle (1958-1969), poursuivie par Georges Pompidou, puis par Giscard d'Estaing (gouvernement Barre), reprise par Mitterrand (gouvernement Fabius (1983-1986), Bérégovoy et Balladur (1992-1995); puis par Chirac (gouvernement Raffarin 2002-2005), Sarkozy (2007-2008) et Macron.

12 Depuis 1979 et le second choc pétrolier, le chômage est devenu un problème endémique de la société française. La France et ses présidents successifs, depuis Giscard d'Estaing, ont choisi de recourir à un traitement social du chômage qui se traduit par un régime avantageux en termes de durée, d'allocations, de revenus minimaux (RSA), de politiques de solidarité (CSG) et de santé (CMU). Emmanuel Macron est le premier Président à vouloir sortir de cette politique pour privilégier une politique qui favorise le travail (réforme et assouplissement du code du travail, réforme de l'assurance chômage et réforme des retraites).

15 **1.** Ce lieu est parcouru par l'histoire de France, de l'Ancien Régime à la Libération de Paris, de la Révolution française à la pyramide; c'est un lieu dans lequel tous les Français et toutes les Françaises se reconnaissent; **2.** C'est l'hymne de l'Union européenne.; **3.** Il le caractérise comme un rassemblement de joie, de bonheur, d'espoir, de lumière et d'intelligence, comme l'expression de la France et des valeurs universelles de la France.; **4.** Le Président doit arriver à fédérer toutes les strates de la société française : les gens des banlieues, les oubliés des campagnes et des quartiers; il doit aussi réformer.

## — LE CHOIX DE L'EUROPE p. 41-43-45

1 **a.** France, Allemagne, Belgique, Pays-Bas, Luxembourg, Italie.; **b.** Les six + Royaume-Uni, Danemark et Irlande.; **c.** Les neuf + Grèce, Espagne, Portugal.; **d.** Les douze + Autriche, Finlande, Suède.; **d.** 27 pays (les quinze + Pologne, Hongrie, Tchèquie, Slovaquie, Lettonie, Lituanie, Malte, Chypre, Slovénie, Roumanie, Bulgarie, Croatie).

2 **a.** L'espace Schengen est un espace de libre circulation, sans frontières intérieures et dont les espaces d'entrée terrestre et maritime sont de la responsabilité des pays frontaliers de l'ensemble de l'espace. Cet espace comprend les pays suivants : La France, l'Espagne, le Portugal, l'Italie, Malte, la Grèce, la Slovénie, la Hongrie, l'Autriche, l'Allemagne, la Slovaquie, la République Tchèque, la Pologne, la Lituanie, la Lettonie, l'Estonie, la Finlande, la Suède, la Norvège, le Danemark, les Pays-Bas, la Belgique et le Luxembourg.; **b.** La zone euro comprend les pays qui ont choisi d'adhérer à la monnaie unique, l'Euro. Ces pays doivent respecter les critères de convergence en matière de déficit budgétaire (3 %) et d'endettement (60 % du PIB). La Zone euro inclut la France, l'Allemagne, l'Espagne, le Portugal, l'Italie, Malte, la Belgique, le Luxembourg, les Pays-Bas, l'Irlande, la Finlande, l'Estonie, la Lettonie, la Lituanie, l'Autriche, la Slovénie, la Slovaquie et la Grèce.

3 Mettre fin aux risques de conflit en Europe; créer un espace démocratique sécurisé à l'Ouest; faire de l'Europe un pôle de prospérité.

4 Organiser des solidarités entre les différents pays européens sur le terrain économique et opérer des transferts limités de souveraineté.

5 **a.** Création de la communauté économique européenne qui organise un espace sans barrière douanière et une politique agricole commune.; **b.** Création d'un marché européen qui organise la libre circulation des personnes, des marchandises et des capitaux.; **c.** Élargissement des compétences de la communauté; accroissement du contrôle du Parlement; droit de vote des citoyens européens là où ils se trouvent.; **d.** Transformation de l'architecture institutionnelle de l'Union qui devient une personnalité juridique unique. Il renforce l'indépendance du Président de la Commission européenne, le contrôle du Parlement qui peut censurer la Commission.

6 **a.** crée le couple franco-allemand comme moteur de la construction européenne; **b.** renforcement des institutions politiques; création du Conseil européen; élaboration du système monétaire; **c.** élargisse-

ment et signature du Traité de l'Union européenne qui élargit les compétences de la communauté; **d.** élargissement à l'Europe centrale et orientale; monnaie unique et adoption de l'euro; création d'un espace de libre circulation intérieure; **e.** gère la crise économique et financière et accepte le renforcement du rôle de la banque centrale européenne; **f.** affronte la crise migratoire de 2015 et le risque d'éclatement de l'espace Schengen; **g.** propose en 2020 un plan de relance économique porté financièrement par l'Union européenne à la suite de la crise sanitaire Covid 19.

**7** Crise économique et financière des années 2007-2009; crise migratoire de 2015; crise sanitaire et économique de 2020. Dans chacune des crises, on passe par une phase de divergence d'appréciation et la tentation des États de réagir en ordre dispersé avant de prendre conscience que les solutions passent par des coordinations renforcées. C'est ainsi que la réponse à la crise financière de 2007 est passée par un élargissement du rôle de la Banque centrale européenne qui a racheté les dettes des États et assuré la circulation monétaire par une émission importante de monnaie; la crise migratoire a vu les États-membres agir en ordre dispersé, fermer leurs frontières y compris intérieures pour certains et refuser la proposition franco-allemande d'admission de quotas de migrants; le renforcement de l'espace Schengen s'est opéré par la création d'un corps de garde-frontières et de garde-côtes dotés de moyens renforcés; la crise sanitaire a vu chaque pays adopté des mesures sanitaires en lien avec les politiques de santé de chacun des États-membres, la commission n'ayant pas de compétence spécifique en la matière; la crise économique qu'elle a engendrée et qui menace l'Union européenne elle-même à défaut de la mise en place de mécanisme de solidarité a conduit la France et l'Allemagne à proposer un vaste plan de relance financé directement par l'UE. À chaque crise, c'est un peu toujours le même scénario : réactions en ordre dispersé; ressaisissement souvent à l'initiative du couple franco-allemand; mise en œuvre de solutions qui renforcent au final l'Union.

**12** 1. **a.** 1987.; **b.** 3 millions de participants.; **c.** 34 pays.; **d.** développement de l'esprit européen; facilité d'accès à l'emploi; naissance d'une génération d'enfants binationaux.; 2. Trouver un logement; régler les papiers administratifs; aller à l'université pour s'assurer que son dossier a bien été reçu et connaître ses cours; 3. Vivre à huit dans un appartement qui correspond aux critères de *L'Auberge espagnole* avec un Grec, un Chypriote, un Espagnol du sud de l'Espagne, un Catalan; se créer une nouvelle famille; faire découvrir aux autres quelque chose de chez soi.; 4. **a.** bulgare de Sofia; **b.** histoire de l'art; **c.** visiter les musées de Paris (il y en a 150).

## — UN NOUVEL ESPACE : LA FRANCOPHONIE p. 47-49

**1** **a.** naissance de l'espace francophone; **b.** charte de la Francophonie; **c.** Sommet de Tunis.

**2** Outil merveilleux; langue d'expression de l'identité et des conflits d'identité; véhicule qui permet d'accéder à la modernité; langue de la liberté; langue du non alignement; langue maternelle, officielle, d'enseignement, étrangère.

**3** Ils ont compris que la langue française pouvait être un puissant moyen politique de modernisation, de contestation, de rencontre et de non alignement.

**4** Sens linguistique (qui parle français); spirituel et politique (sentiment d'appartenance à une même communauté de valeurs); institutionnel (organisation de concertation et de coopération et associations).

**5** La langue française va permettre d'exprimer l'identité « nègre » et africaine; langue de liberté, elle est à la fois un outil de contestation et un outil de rencontre, d'échange.

**6** Non, il peut être langue maternelle, officielle, d'enseignement ou étrangère.

**7** Un ensemble en devenir démographiquement (750 millions) et économiquement (10 à 12 % des échanges mondiaux) et important linguistiquement (5e langue mondiale). Un ensemble diversifié géographiquement (il s'étend sur cinq continents), linguistiquement (avec différents statuts pour le français), politiquement (avec des pays adhérents ou observateurs) et économiquement. Un ensemble fortement présent en matière d'enseignement (2e langue étrangère apprise) et d'utilisateurs sur l'Internet (4e rang mondial).

**8** Préoccupation écologique (déforestation, eau); diversité culturelle et dialogue des cultures (résolution de l'UNESCO); protection de la femme et de l'enfant; réseaux et industries numériques.

**13** 1. Le français cohabite avec plusieurs langues : lingala, swahili ou encore tshiluba; 2. Le français pour parler d'amour, pour faire des affaires; les langues locales au restaurant; 3. Mélange entre le français et l'argot utilisé en Côte d'Ivoire pour parler de sport ou de politique...

# 3 LA CITOYENNETÉ

## — LE MODÈLE RÉPUBLICAIN p. 51-53-55

1 **a.** La République; **b.** la République; **c.** les droits de l'homme.
2 **a.** La liberté; **b.** la liberté limitée par la loi; **c.** l'égalité.
3 **a.** Vercingétorix; Jeanne d'Arc; appel à la résistance.; **b.** baptême de Clovis; édit de Nantes; loi de séparation de l'Église et de l'État.; **c.** Charlemagne; Austerlitz; traité de Rome, euro et construction européenne.; **d.** Déclaration des droits de l'homme; drapeau tricolore; suffrage universel.; **e.** Bouvines; règne de Louis XIV; Valmy; 14 juillet, Fête nationale; Fête de la Fédération.; **f.** la Terreur; Commune de Paris; affaire Dreyfus.; **g.** suffrage universel; proclamation de la IIIe République; lois scolaires de Jules Ferry; lois de séparation de l'Église et de l'État.
4 Les droits sont naturels et imprescriptibles; dans l'américaine, les droits sont garantis par la justice; dans l'anglaise, ils sont individuels.
5 Un mode de structuration du pouvoir des ministères aux services et de l'administration, de l'État aux sous-préfets.
6 Femme d'Ulysse qui défaisait le soir la toile qu'elle avait tissée le jour afin d'échapper à ses prétendants; la peur que la tapisserie France se défasse sous l'effet des transferts de souveraineté tant régionaux que communautaires.
7 Le droit communautaire organise des transferts de souveraineté dans le domaine de la monnaie (l'Euro) et de la libre circulation des personnes qui repoussent le contrôle des frontières aux frontières extérieures de l'Union; le droit communautaire postule que ce droit-là prime sur les législations nationales; Les États donnent mandat à l'Union de négocier des traités de (libre-échange) mais aussi le Brexit en leur nom.
8 La Sécurité sociale, les allocations familiales, le système des retraites, le salaire minimum interprofessionnel de croissance illustrent la passion égalitaire des Français.
9 Respecter la liberté religieuse de chacun et cantonner les croyances à la sphère privée.
13 1. Les droits sont universels : ils doivent s'appliquer à tous les êtres humains sans distinction de couleur, de sexe, de langue, de religion ou d'opinion politique.; 2. Babylone; l'Angleterre.; 3. Olympe de Gouges a écrit, pendant la Révolution de 1789, une Déclaration pour les droits de la citoyenne.; 4. **a.** droit de vote des femmes aux États-Unis; **b.** droit de vote des femmes en France; **c.** proclamation par l'ONU de la Déclaration des droits de l'enfant.

## — L'HISTOIRE ET LA MÉMOIRE p. 57-59

1 **a.** *L'homme devant la mort*; **b.** *Louis XI*, *Louis XIV*; **c.** *La Méditerranée*, *Montaillou*; **d.** *Le temps des cathédrales*, *La Révolution française*; **e.** *La République*; **f.** *La peur en Occident*.
2 Place des historiens dans les quotidiens et les hebdomadaires; création de la revue de *L'Histoire*.
3 L'incapacité à envisager le futur conduit à faire de l'histoire plutôt qu'à faire l'histoire.
4 Pratiquer une mesure des phénomènes sociaux; donner la primauté aux régularités, au répétitif; opérer une lecture socio-économique. Exemples : L'enfant et la vie familiale; la mort; la sorcellerie; les magistrats; la culture populaire; les paysans, le climat...
5 La micro-histoire s'intéresse au quotidien, valorise l'incertain, l'exceptionnel. La méfiance de la micro-histoire à l'égard des analyses qui privilégient la régularité comme c'est le cas de l'école des *Annales*. Exemples : histoire d'un exorciste au Piémont; un meunier au Frioul; le sabbat des sorcières; les rituels agraires.
6 Le constat d'un éclatement progressif de l'histoire nationale, de la fragmentation de la conscience historique, de la dissolution du roman national.

7 **a.** il n'y a plus de liens entre le passé et l'avenir qui font que l'avenir s'écrivait à partir du passé; **b.** c'est la mémoire qui assure aujourd'hui la continuité entre le passé et le présent; **c.** la nation se vit dans la célébration du patrimoine et non dans l'invention de l'avenir.

10 Boucheron dit vouloir reprendre une intuition du grand historien Jules Michelet selon laquelle « *Ce ne serait pas trop de l'histoire du monde pour expliquer la France* ». Il s'agit donc pour Boucheron de produire un autre récit qui fait la part belle aux idées progressistes : métissage, égalité, mixité, ouverture... Beaucoup lui reprochent de vouloir retracer le passé à travers les obsessions d'aujourd'hui. Ses opposants les plus féroces dénoncent une entreprise selon laquelle il n'y aurait « pas de races, pas d'ethnies, pas de peuple » mais seulement des « nomades ». Ils voient dans cette entreprise une volonté de déconstruction du « roman national », du « grand héritage français ».

13 1. **a.** journaliste torturé par la Gestapo; **b.** ministre du Front populaire assassiné par la Milice; **c.** ethnologue déportée au camp de Ravensbrück; **d.** fondatrice d'ATD Quart-Monde déportée au camp de Ravensbrück.; 2. Ils ont en commun d'avoir résisté à l'Occupation et au nazisme.; 3. Brossolette s'est suicidé; Zay a été assassiné; Germaine Tillion et Geneviève de Gaulle-Anthonioz ont été déportées; 4. La vigilance doit s'exercer contre l'indifférence face au fanatisme, au racisme, à l'antisémitisme et aux injustices.

## — La PLACE DES FEMMES p. 63-65-67

1 **a.** *Le deuxième sexe;* **b.** création de *Elle* et de *L'Express;* **c.** *Et Dieu créa la femme*; **d.** Loi sur l'interruption volontaire de grossesse; **e.** Secrétaire d'État sous François Mitterrand; **f.** *Bonjour Tristesse*; **g.** avocate et militante de l'annulation de la loi sur l'interdiction de l'avortement.

2 Mouvement de libération des femmes.

3 Manifeste des femmes ayant déclaré avoir avorté.

4 Droit de vote (1945); création d'un secrétariat à la condition féminine (1974); parité hommes-femmes au gouvernement depuis 2007.

5 *Domaine personnel :* Loi Neuwirth sur la contraception; loi sur l'interruption volontaire de grossesse; *Domaine familial :* libre choix du domicile conjugal; autorité partagée sur les enfants; *Domaine professionnel :* congé de maternité indemnisé; loi sur l'égalité professionnelle; loi sur la féminisation des noms de métier (1986); *Domaine social :* loi sur le harcèlement (1992).

6 *Simone de Beauvoir* : écrivain français (1908-1986). Son livre le plus célèbre, référence de la philosophie féministe, traduit dans de très nombreuses langues : *Le Deuxième Sexe* (1949), essai fondamental sur l'identité d'être entre l'homme et la femme. Romancière, on lui doit *L'Invitée* (1943), *Le sang des autres* (1955), *Les Mandarins* (1954). Son autobiographie, *Mémoire d'une jeune fille rangée* (1958), *La force de l'âge* (1960), *La force des choses* (1963), *Tout compte fait* (1972), *La cérémonie des adieux* (1981) envisage « *d'englober le monde dans l'expérience de sa vie* ». Elle a formé avec le philosophe Jean-Paul Sartre un couple libre mondialement célébré.

*Apport de Simone de Beauvoir* : Pour elle, aucune femme n'a de destin tout tracé. Elle exclut tout déterminisme chez l'humain : elle s'intéresse à l'infériorisation de la femme, à ses causes qui ne sauraient venir de quelque ordre naturel. Elle postule l'entière responsabilité humaine et dénonce la passivité, la soumission et le manque d'ambition des femmes et elle accuse les hommes de sexisme, de lâcheté et parfois de cruauté. Pour elle, l'émancipation féminine ne peut réussir que grâce à la volonté solidaire des hommes et des femmes. Selon elle, les deux grands faits qui permettraient à la femme de s'émanciper sont le contrôle des naissances et l'accès au monde du travail.

7 Les violences conjugales et les agressions sexuelles dont elles sont victimes dans le cadre du travail ou dans celui de relations privées forcées; la parité hommes-femmes dans la vie professionnelle et notamment dans les emplois d'encadrement où elles sont sous-représentées; la prise en compte de tout ce qui constitue des obstacles à cette parité (maternité, temps partiel).

8 **a.** 95 %; **b.** 14,9 % ; **c.** 38 % ; **d.** 14 % ; **e.** 62 % ; **f.** 25,7 %.

9 Au niveau de la formation, elles sont trop nombreuses dans les séries littéraires et dans les séries qui conduisent à des emplois tertiaires et dans l'enseignement professionnel, elles sont dirigées vers des emplois postés à faible valeur ajoutée. Au niveau du travail, elles sont nombreuses à pratiquer le temps partiel. Au niveau des emplois, elles sont trop peu nombreuses à occuper des emplois de cadre ou à être choisies dans des comités exécutifs.

12 1. Une action islandaise.; 2. Paris, Marseille, Bordeaux, Toulouse, Lyon.; 3. *Vrai :* a, b, d; 4. le temps partiel; les différences salariales; les pauses déjeuner; 5. elles choisissent des filières qui sont moins

valorisées économiquement; elles négocient moins bien leur premier salaire à l'embauche; elles n'ont pas de stratégies pour une promotion ou acquérir une augmentation; 6. **a.** la différence de salaires entre hommes et femmes; **b.** le nombre d'entreprises sanctionnées pour ne pas avoir respecté la parité des salaires hommes-femmes; **c.** le nombre d'années nécessaire pour arriver à la parité salariale dans le monde.

## — LES ÉTRANGERS EN FRANCE p. 69-71

**1** Toute personne née étrangère à l'étranger et résidant en France.

**2** **a.** immigration polonaise, italienne et espagnole; **b.** immigration portugaise et maghrébine.

**3** **a.** Portugal, Italie, Espagne; **b.** Algérie, Maroc, Tunisie; **c.** Turquie.

**4** Le résultat de la différence entre les entrées et les sorties durable du territoire, qu'il s'agisse de Français ou d'étrangers.

**5** Difficultés d'accès aux formations supérieures, aux emplois de cadres ou aux emplois intellectuels; accès majoritaire aux emplois ouvriers, artisans et commerçants; discriminations dans la recherche d'emploi et les promotions; sentiment d'être ces citoyens victimes de discriminations racistes.

**6** **Marche des beurs :** marche pour l'égalité et contre le racisme. Elle débouche sur la création de SOS Racisme popularisée par le slogan de solidarité : « Touche pas à mon pote » et elle bénéficie d'un regard favorable de l'opinion publique française, perçue comme une demande d'intégration plus rapide.

**Émeutes de 2005 :** émeutes urbaines en banlieue parisienne (Clichy, Créteil) et dans d'autres grandes villes de France (Lyon, Nice) entre octobre et novembre 2005; chômage, déclassement social, frustrations de rester en marge de la réussite économique et sociale, violences policières, sentiment identitaire sont à l'origine de ces émeutes.

**Mouvements racialistes et diversitaires de 2020 :** prenant prétexte des violences policières et d'enquêtes en cours, relayant le meurtre de George Floyd aux États-Unis, ce mouvement qui regroupe majoritairement des jeunes Français issus de l'immigration, piloté par l'extrême gauche et le parti La République des Indigènes, dénonce le racisme unilatéral de l'histoire de France, de son Empire colonial, des élites intellectuelles et politiques blanches, demande la reconnaissance, les excuses pour leurs « crimes ». Ils prônent une société multiculturelle et font l'apologie de la diversité contre le modèle républicain.

**7** Présentation de l'immigration comme une menace pour l'identité avec le refus des immigrés de s'intégrer et par le choix politique de certains partis du communautarisme en lieu et place du modèle républicain d'intégration; dénonciation des politiques migratoires conduites par l'Union européenne et remise en cause des accords de libre circulation de l'espace Schengen à cause de la politique laxiste conduite aux frontières de l'Union; suppression du regroupement familial et de l'acquisition automatique de la nationalité pour les enfants nés en France (droit du sol) de parents immigrés.

**8** **a.** autorité; respect des valeurs républicaines; contrat d'intégration; **b.** générosité de l'accueil au nom des droits de l'homme; intégration par le dialogue et la mixité sociale; confiance dans les mécanismes de redistribution de l'État.

**9** Ce sont les valeurs de liberté, de fraternité et d'égalité; c'est un modèle d'intégration par une adhésion libre et raisonnée aux principes et aux valeurs de la Nation.

## — INTERNET : NOUVEAU POUVOIR? p. 73

**1** **a.** usagers quotidiens d'Internet; **b.** nombre d'internautes; **c.** utilisateurs des réseaux sociaux

**2** **a.** utilisateurs de mobiles; **b.** utilisateurs d'ordinateurs; **c.** utilisateurs de tablettes; **d.** Youtube, réseau social préféré; **e.** Facebook, deuxième réseau social préféré.

**3** Dès le début des années 1980, création d'un modèle économique payant performant; mise à disposition de services en ligne bancaire, de réservation, d'achat et d'informations, et d'un embryon de réseaux sociaux.

**4** Garantir l'accès à tous à Internet; assurer le développement d'une offre de services répondant aux besoins de la population, accompagner les gens dans l'appropriation des outils; renforcer l'attractivité économique des territoires; conforter la compétitivité de ses entreprises; favoriser la cohésion sociale.

**5** Communiquer, échanger, s'informer, acheter, partager.

# ❹ LES GRANDES STRUCTURES

## — LES NOUVELLES FRONTIÈRES DES PARTIS POLITIQUES p. 75-77

1 **a.** reconnaissance constitutionnelle du rôle des partis politiques dans la Constitution de la Ve République; **b.** Loi sur la transparence financière de la gestion des partis.

2 **a.** partis de gouvernement (LR + PS); **b.** extrême gauche; **c.** Rassemblement national (RN); **d.** écologiste; **e.** centristes d'En Marche (LREM).

3 La droite populiste fait de la figure de Jeanne d'Arc sa référence. Elle défend une fidélité à la continuité historique; en cela elle est légitimiste.
La droite qui se veut libérale en économie et réformatrice est dite orléaniste, en référence aux périodes où la famille d'Orléans a assuré le gouvernement de la France, notamment sous la Régence (Philippe d'Orléans).
LR et le gaullisme, qui ont le culte du chef ou de l'homme providentiel dans lequel se reconnaît le peuple, partisans de l'initiative de l'État dans la transformation du pays, se réfèrent à Bonaparte et au bonapartisme.
Réformateurs, modérés, décentralisateurs, croyant aux vertus du débat, méfiants à l'égard du culte du chef, le PS d'aujourd'hui ainsi que Europe-Écologie-Les Verts héritent largement des Girondins.
Idéologie pour guide, culte du pouvoir centralisé, croyance en une minorité agissante, le Parti communiste (PC) et les partis néo-marxistes se réclament des Jacobins.
Partis protestataires, mouvements de défense catégorielle (Poujadisme) ou spontanés type Gilets Jaunes ou Bonnets rouges sont très souvent qualifiés de mouvements des Sans-culotte ou référence plus ancienne (Moyen Âge) de jacqueries (révolte paysanne).

4 C'est autour de LR et du PS que se sont noués depuis les années 1960 et jusqu'à 2017 les alliances de gouvernement. Ces alliances de gouvernement étaient plus ou moins ouvertes. À droite, repliées sur LR et son allié libéral à partir de 1962 jusqu'à 1969; avec un fort tropisme européen jusqu'en 1981; libéral et européenne de 1995 à 2012. À gauche, c'est autour du PS que se sont noués les alliances, modèle gauche unie avec le Parti communiste de 1981 à 1983, centre gauche et européenne de 1983 à 1988, réformiste et européenne de 1988 à 1993; gauche unie fortement redistributrice et écologiste de 1997 à 2002 et de 2012 à 2017.

5 *Droite :* a, d, e, f, g; *Gauche :* b, c, e, h.

6 Le gaullisme est une pratique politique inspirée de l'action du général de Gaulle. Elle postule le rassemblement au-delà des clivages politiques traditionnels autour de l'attachement à la France, à un État fort et à un gouvernement ferme. Le gaullisme est transformateur, modernisateur et social.
Le fameux adage « tout le monde a été, est ou sera gaulliste » a pris aujourd'hui allures de réalité. Figure du Chef, indépendance nationale, institutions fortes, autorité, valeurs, modernité, tout le monde se réclame de tout ou partie de la « vraie » croix (de Lorraine), emblème du Général et de la France libre et combattante pendant la Seconde Guerre mondiale.

7 *une entreprise :* En Marche est créé pour être au service de l'ambition politique d'Emmanuel Macron; *un réseau :* En Marche a d'abord été pensé comme un réseau social auquel on adhère gratuitement en quelques clics; *un rassemblement :* En Marche se présente comme un forum ouvert au débat d'idées avec ses community managers; comme projet, il postule le dépassement du clivage droite-gauche autour du fameux « en même temps » qui va séduire une majorité de Français jeunes, diplômés, libéraux, européens, du centre droit au centre gauche; *un parti :* obligé de s'institutionaliser comme outil nécessaire de gouvernement

8 **a.** gaulliste, néo-gaulliste, bonapartiste, trotskyste, stalinien, poujadiste; **b.** libéral, néo-libéral, marxiste, paléo-marxiste, social-démocrate; **c.** républicain; **d.** réactionnaire, conservatrice, modérée, rassembleur, réformateur, morale; **e.** fasciste, internationaliste, révolutionnaire.

## — LES SYNDICATS ET LES CONFLITS SOCIAUX p. 79-81

1 **a.** légalisation du syndicalisme ouvrier; **b.** inscription du droit de grève, de la liberté syndicale dans la constitution; **c.** représentation du personnel dans l'entreprise; **d.** création des comités d'entreprise; **e.** présence des délégués syndicaux.

2 a. confédération générale du travail; b. force ouvrière; c. confédération française démocratique du travail; d. solidaire, unitaire, démocratique; e. confédération générale des cadres; f. confédération française des travailleurs chrétiens; g. union nationale des syndicats autonomes.

3 a. CGT; b. FO; c. CFDT; d. FEN; e. CFTC.

4 Scepticisme des Français sur le rôle joué par les syndicats; trop nombreux; faible capacité de négociation; mauvaise compréhension des problèmes des gens; scepticisme quant à leur capacité à défendre leurs intérêts; approche trop idéologique.

5 Corporatisme; anti-économisme; défense trop exclusive des travailleurs protégés par leurs statuts.

6 Méfiance et rejet. Refus du patronat que l'État intervienne dans le fonctionnement de l'entreprise; refus de tout droit à la représentation collective des salariés. Prédilection pour la grève et la manifestation plutôt que pour la négociation.

7 a. obligation annuelle de négociation dans l'entreprise; b. blocage des dispositifs industriels; actions violentes.

## — LES RELIGIONS p. 83-85

1 a. appartenance aux religions chrétiennes (catholicisme, protestantisme); b. appartenance à la religion musulmane; c. appartenance à la religion juive.

2 a. protestantisme, Luther, courant; b. protestantisme, Calvin, courant; c. religion catholique, courant; d. islam, courant; e. juive, ethnie; f. juive, ethnie; g. sagesse, Bouddha, ethnie.

3 Présence patrimoniale, monumentale et architecturale; les 36000 clochers des 36000 communes de France; structuration du calendrier; associée aux grands moments de l'existence : naissance, mariage, décès.

4 Désengagement de la vie sociale (sport, culture, syndicalisme, santé) même si elle reste fortement présente dans l'éducation.

6 Individualisme, libéralisme, morale personnelle.

7 *Intégration :* création du Conseil national du culte musulman; *rejet :* place de la femme; refus des principes républicains de séparation du religieux de l'espace public.

8 Importance accordée à la vie spirituelle; piocher une pratique dans différentes sagesses; choisir une morale en accord avec sa personnalité.

## — LES CONTRE-POUVOIRS p. 87-89

1 a. appartenance à un parti politique; b. taux de syndicalisation; c. nombre d'associations; d. nombre de membres d'associations; e. pourcentage de ceux qui associent les réseaux sociaux à un contre-pouvoir.

2 Méfiance à l'égard des partis et syndicats institutionnalisés; goût pour les mouvements protestataires; préférence pour les organisations spontanées nées de l'action (coordinations).

3. Adhésion à des modes d'organisation collective spontanées (coordination) qui prennent en charge des types de revendication spécifiques et ponctuels; préférence pour le mode associatif centré sur une revendication thématique (logement, immigration...).

4 La manifestation comme mode d'expression privilégié. Elle hérite de la « jacquerie » au Moyen Âge. Elle permet d'afficher et d'évaluer le rapport de force.

5 Manifestations étudiantes et ouvrières contre le pouvoir politique; manifestations contre le projet d'unification du système éducatif; manifestation de défense de l'école publique; manifestations contre la réforme des retraites; manifestations contre les impôts et taxes. Les questions de liberté et d'égalité constitutifs de l'identité française sont au cœur de ces manifestations.

6 Élargissement des thèmes et diversification des modalités d'interventions.

7 Mouvement des « gilets jaunes »; affaire politique et sexuelle autour de la personnalité de DSK; affaire Fillon sur des prises d'intérêt au moment de l'élection présidentielle de 2017; affaire de mœurs visant le cinéaste Roman Polanski...

8 Mouvement qui a pris le nom des gilets de sécurité à haute visibilité obligatoires pour les automobilistes en cas de panne ou d'accident.
Mouvement de protestation spontané, anarchique (manifestations non déclarées, blocage de routes et de péages d'autoroutes) et parfois violent (voitures et commerces brûlés, magasins pillés, monuments et symboles nationaux dégradés (Arc de Triomphe). Il est né en octobre 2018 et a été puissamment relayé

par les chaînes d'infos en continu. Il a réuni jusqu'à 1,3 million de manifestants dans toute la France. Ses revendications, au départ centrées sur un changement de politique fiscale, ont ensuite englobé les questions d'amélioration du niveau de vie et de représentativité démocratique. Enjeu d'un contrôle par l'extrême droite et l'extrême gauche, le mouvement des Gilets Jaunes a été considéré comme largement manipulé par les mouvements subversifs.

# 5 L'INDIVIDUALISME

## — LA SOCIÉTÉ DE CONSOMMATION p. 91-93

1 En hausse : a, c, d; en baisse : b.

2 Multiplication des équipements en appareils ménagers (réfrigérateur, machine à laver, aspirateur, cuisinière à gaz ou électrique); aménagements intérieurs (salle de bains, chauffage central); équipements de loisirs (télévision).

3 La publicité crée des modèles auxquels ressembler, s'identifier et participe à une unification des goûts.

4 La consommation des années 1970-1980 passe de l'utilitaire aux loisirs (télévision couleur, magnétoscope, walkman) en même temps qu'elle s'individualise (walkman, smartphone puis ordinateur). Avec le numérique (ordinateur, tablette, smartphone), elle marie plusieurs usages (individuel, travail et loisirs). La voiture devient aussi un produit d'alliances (utilitaire et citadine; sportive et tourisme; familiale et multifonctions).

5 Multiplication des objets à usage individuel; individualisation des pratiques professionnelles, culturelles, apprenantes ou de loisirs qui conduisent à ce que chacun, notamment dans la sphère familiale, possède les objets qui satisfont ses propres besoins. Cette individualisation aboutit à une perte de repères collectifs et du vivre ensemble.

6 La consommation s'adresse désormais à plusieurs individus en un seul : elle allie sport et beauté, sport et santé; santé et beauté; plaisir et bien-être; plaisir, relations sociales et travail. La cosmétique, l'alimentation participent à ce désir de se sentir bien dans sa peau.

8 La consommation est désormais dominée par l'éthique, la responsabilité et le souci de consommer mieux et moins : circuits courts; commerce équitable; produits bio du terroir.

9 Cette économie du partage ou économie collaborative plébiscitée en France où elle a le plus fort taux de pénétration en Europe (38 % contre 17 % moyenne européenne). Ce succès s'explique par des considérations relatives au pouvoir d'achat (c'est moins cher) mais aussi par des motivations relatives à ce mode de consommation (durable).

## — LA RÉVOLUTION DU TEMPS LIBRE p. 95-97

1 **a.** 60 %; **b.** 74 %; **c.** 37 %; **d.** 30 %.

2 *en hausse :* a, e; *en baisse :* b, c, d.

3 **a.** 66 %; **b.** 26,5 %; **c.** 61 %.

4 Trois facteurs : l'allongement des congés payés (5 semaines), la réduction de la durée du travail (35 heures), l'âge de la retraite (62 ans).

5 Explication par la conjonction entre idéologie de la répartition du temps disponible et idéologie de la satisfaction immédiate des envies liés à la société des loisirs. Revendication de l'épanouissement par le délassement, le divertissement, la culture.

6 On est passé d'un temps social d'épanouissement personnel (années 1950) marqué par le délassement, le divertissement et l'épanouissement culturel à un modèle de consommation des loisirs qui privilégie le plaisir (les passions, les envies) et la satisfaction individuelle.

7 Les loisirs individuels sont désormais liés aux pratiques numériques et devancent toute autre forme de loisirs individuels y compris la télévision. Les loisirs extérieurs (loisirs sportifs, activités de plein air) progressent fortement. Les loisirs événementiels qui sont des expériences uniques (festivals) ou collectives (fête de la musique, Nuit Blanche) connaissent une adhésion spectaculaire.

8 Côté destination, une préférence massive pour les vacances en France et quand il s'agit de l'étranger, le

choix de vacances de proximité ou de pays francophones. La France d'Outre-mer (Antilles, Réunion) est aussi un lieu de destination privilégié.

## — LA PASSION ÉGALITAIRE ET LA FRACTURE SOCIALE p. 99-101-103

1 **a.** 85 % ; **b.** 37 % ; **c.** *salaire moyen et médian :* 1845, salaire dit « median »*; SMIC :* 1554*; salaire moyen des employés :* moins de 1500; *salaire moyen des classes moyennes :* entre 1500 et 2800; *hauts revenus annuels :* entre 63250 et 97120; **d.** 10 % des plus aisés détiennent 50 % du patrimoine; 40 % des plus pauvres, 2 %.

2 **a.** prestation santé; **b.** prestation familiale; **c.** prestation d'emploi; **d.** prestation vieillesse.

3 Principe de l'égalité civile, de la « dette sacrée » et de la garantie sociale envers les citoyens malheureux.

4 La solidarité collective en matière de protection sociale, de santé publique, d'éducation et de politique familiale.

5 *En débat :* le coût, les modes de financement, les acteurs du financement.

6 Non. Malgré un niveau de vie qui a doublé, une facilité d'accession à la propriété, la sécurité prise en charge par la protection sociale et sanitaire face aux difficultés de la vie, ce mieux être pour la population salariée est sans comparaison avec l'évolution des revenus tirés du patrimoine immobilier ou de la spéculation boursière.

7 Une population d'exclus qu'on chiffre autour de 5 à 6 millions d'individus liée au développement de la précarité et d'un chômage de masse, à la difficulté pour certains d'entrer sur le marché du travail liés aux mutations qui affectent la société postindustrielle.

8 *Exclus :* Sans domicile fixe (SDF); jeunes sans diplôme; ménages surendettés; familles monoparentales; chômeurs de plus de 50 ans; immigrés sans travail. *Actions :* attribution d'un revenu minimal d'insertion (RMI); assistance de protection sociale; fédération des banques alimentaires; restos du cœur.

10 1. **a.** salaire minimum interprofessionnel de croissance; **b.** 1950; **c.** salaire plancher en-dessous duquel on ne peut pas payer les salariés; **d.** 9,76 € (actuellement 10,15 €); **e.** 11 %.; 2. Il protège les salariés, assure un minimum de revenus et il protège aussi les entreprises de la mauvaise concurrence d'entreprises qui emploieraient des salariés à un tarif trop bas et défavoriseraient celles qui veulent payer correctement les salariés.*;* 3. Permettre aux salariés de se débrouiller pour vivre. Ils couvrent les charges essentielles pour se loger, se nourrir et s'habiller mais ne permet pas de sortir souvent.

# Repères/ÉCONOMIE

# 6 LE RAPPORT DES FRANÇAIS À L'ÉCONOMIE

## — UNE CULTURE ÉCONOMIQUE TRÈS IDÉOLOGISÉE p. 105-107

1 **a.** pas d'éducation budgétaire et financière; **b.** pas de maîtrise de l'effet de l'inflation sur leur pouvoir d'achat ou sur le calcul d'un intérêt de placement; **c.** méconnaissance de la définition d'un crédit renouvelable; **d.** absence d'informations suffisamment fiables pour pouvoir le gérer efficacement; **e.** aucune idée de l'ordre de grandeur du PIB du pays; **f.** aucune idée du montant de la dette publique.

2 *Grandet* : spéculateur sur la rente et sur l'or; Chez maupassant, la spéculation boursière.

3 Scandale financier; refus des bolchéviques de rembourser les épargnants français.

4 Coût en termes de croissance et d'emplois; pas de mobilisation suffisante de l'épargne vers l'économie; refus des réformes d'adaptation du modèle économique et social à la mondialisation.

5 Prééminence du rôle de l'État dans le pilotage de l'économie. Prééminence des politiques de stimulation de l'économie par la demande (augmentation du pouvoir d'achat).

6 Le Programme du Conseil national de la Résistance promeut le pilotage de l'économie par l'État à travers les nationalisations des secteurs stratégiques et des banques, la constitution de grandes entreprises nationales; l'augmentation et la garantie du pouvoir d'achat; la mise en place d'un système complet de sécurité sociale (santé, travail, retraite). Il limite le rôle des acteurs économiques. Aujourd'hui, l'*État* reste encore présent *via* ses participations dans plus de 800 entreprises. Il contrôle tout ce qui touche aux intérêts économiques stratégiques. Il impulse la plupart des réformes dans le domaine social qui touchent l'entreprise.

7 Désir d'entreprendre avec la multiplication des start-up dans tous les domaines et course à l'innovation dans un monde ouvert où les maîtres-mots sont le pari, le risque et la réussite.

8 L'autoentrepreneur veut prendre en main individuellement son destin, il a la volonté de réussir par lui-même; il parie sur les opportunités d'une économie en train de s'inventer; il a le goût pour l'initiative économique.

9 Promotion de la décroissance contre la mondialisation et le culte de la compétitivité économique; dénonciation des conséquences sociales, individuelles et environnementales. Promotion de la bioéconomie, du localisme, de la basse technologie, du temps de vivre opposé à temps de travail, de la simplicité volontaire et du revenu social inconditionnel.

12 1. Le télétravail est une nouvelle liberté qui permet aujourd'hui à n'importe quel employé de travailler de chez lui s'il le souhaite et si son emploi le permet. *Les avantages :* gain de temps; moins de transports; plus d'efficacité; des locaux moins grands et moins coûteux à entretenir pour l'employeur; 2. a. moins de métro et de RER; garder les enfants, aller les chercher à la crèche.; b. pas de voiture à prendre; pas de bouchons; séparer avec son compagnon vie professionnelle et vie de couple.; c. être maman et être là au moment du pain au chocolat; voir son compagnon.; d. ne pas subir les problèmes de transport à cause du temps; faire une journée complète de travail.; e. déshumanisant; tout seul; pas de pause déjeuner pour parler avec quelqu'un.

## — LES DEUX VISAGES DE L'ÉCONOMIE FRANÇAISE p. 109-111

1 Faible taux de croissance de 4 % entre 2007 et 2016; perte de 500000 emplois industriels en 10 ans; nombre d'heures travaillées par an le plus faible d'Europe; forte augmentation des coûts salariaux (54 %).

2 **a.** taux d'endettement par rapport au PIB; **b.** pourcentage de la fiscalité directe; **c.** pourcentage de prise en charge des dépenses de sécurité sociale.

3 **a.** 26 % et 27 %; **b.** 32; **c.** 4e rang mondial.

4 Le taux de croissance; la productivité (le nombre d'heures travaillées); le coût de la main d'œuvre; la désindustrialisation; la stagnation du nombre d'emplois; l'absence de réformes de structures.

5 Un poids économique à cause du niveau d'endettement de l'État, du poids de la dette dans le budget de l'État, d'une fiscalité qui pèse sur une minorité et qui est décourageante. Un avantage en période de crise : fortement redistributeur, il amortit les chocs économiques.

6 Une économie exportatrice (25 % de son PIB), qui compte un nombre important des plus grands groupes mondiaux et des leaders dans tous les grands secteurs d'activités; attractive (Paris 3e ville pour le nombre de sièges sociaux des 500 plus grandes entreprises); innovante (nombre de brevets; dépenses en R&D; qualité de la formation de ses ingénieurs).

7 Peu présente dans l'industrie numérique grand public (*Blablacar, Doctolib, Deezer, Rakuten, Leboncoin*) mais très en pointe et fortement exportatrice sur des technologies de rupture comme les services aux entreprises, les solutions pour la ville intelligente, l'impression 3D ou les drones professionnels... profitant d'un environnement de recherches, de formation et de financement très favorable.

8 5800 entreprises (65 % sont des entreprises familiales avec en moyenne 650 collaborateurs); 3,3 millions de salariés; elles représentent 26 % de la valeur ajoutée de l'ensemble des entreprises du secteur marchand et elles sont présentes sur des secteurs très spécialisés.

13 1. **a.** inabordable; cher; **b.** grosses voitures, montres; parfum; **c.** Louis Vuitton, Hermès; Rolls Royce; LVMH; **d.** matériaux rares, bien travaillés; travail d'artisan; **e.** le temps; l'espace; lire; partager les moments avec les gens; méditer; regarder la nature.; 2. inabordable; grande; rare; agréable; plaisant; belle; cher; riche; inaccessible; privilégié.

## — UNE ÉCONOMIE SPÉCIALISÉE p. 113-115-117

1 2,2 %; 701000 ; 450000 ; 72,6 milliards ; **b.** 235000 ; 11/12 % ; 2,7 millions ; **c.** 21 millions ; 78 % ; 1385 milliards.

2 **a.** tourisme; **b.** secteur financier; **c.** commerce; **d.** industrie; **e.** numérique; **f.** agriculture.

3 Affronter la concurrence internationale, se spécialiser mais demeurer un modèle agricole familial qui participe à l'aménagement du territoire; donner la priorité aux circuits courts, à la réduction de l'empreinte carbone et des intrants chimiques mais soutenir la libre concurrence de la production qui ne tient pas compte de ces impératifs; répondre à la concurrence mais avec des charges beaucoup plus élevées et avec des normes plus contraignantes que celles que réclame le droit européen de la concurrence.

4 Dénonciation par les écologistes des agriculteurs comme des pollueurs, des destructeurs de l'environnement, des défenseurs de l'agriculture productiviste. Dénonciation des agriculteurs par les rurbains qui, installés à la campagne, ne veulent pas subir les contraintes de la vie agricole (odeurs, rythme, bruits, vie animalière).

5 Concentration de son industrie sur un nombre limité de secteurs à forte valeur ajoutée et fortement exportateurs : agroalimentaire; pétrochimie; pharmacie; cosmétique; luxe; industrie aéronautique et spatiale; nucléaire; transports; services.

6 L'industrie française est le produit d'une tradition d'ingénieurs (automobile, aviation), d'aventuriers (aéronaval et aéronautique), de découvreurs (nucléaire, chimie) et d'aménageurs (construction de réseaux). Elle est le produit d'une tradition de formation dans de grandes écoles spécialisées dans chaque domaine.

8 Dans chacun des grands secteurs des services, la France a imposé ses champions : assurances : (Axa, 1^e^); banques (BNP 3^e^); services aux collectivités (Veolia Environnement (1^e^) et Suez Environnement (2^e^); constructions et travaux publics (Eiffage, 4^e^); BTP (Vinci 2^e^); énergie, Engie (3^e^), EDF (4^e^).

9 Une image de marque pour la communication : la *French Touch*; un écosystème avec des incubateurs et des investisseurs pour favoriser le développement des start-up; favoriser l'émergence de leaders technologiques.

13 1. **a.** pour les engrais pour le blé; **b.** pour la nourriture individualisée des porcs; **c.** conduire un tracteur; **d.** la gestion du troupeau de chèvres.; 2. Autrefois, on leur demandait d'être solide, grand, fort et courageux, aujourd'hui, on leur demande d'être à la fois acheteur, vendeur et gestionnaire, d'être connecté, d'être intelligent et d'avoir fait des études.

# Repères/CULTURE

# 7 POLITIQUES CULTURELLES

## — LES FIGURES DE LA POLITIQUE CULTURELLE p. 119-121

1 *Royauté :* a, c, d; *Révolution* : b; *République :* e, f.

2 **a.** Sous-secrétariat aux beaux-arts; **b.** Secrétariat aux arts et lettres; **c.** Ministère de la culture.

3 L'accessibilité aux œuvres; l'élargissement de l'audience; le développement de la création. Si l'on y ajoute la mission historique de protection du patrimoine, ces objectifs sont restés les mêmes, les présidents successifs mettant plus ou moins l'accent sur l'un ou l'autre de ces objectifs comme, par exemple, le développement de la création sous le ministère Jack Lang.

4 Cathédrales du XX^e^ siècle. Amiens, Le Havre, Bourges, Grenoble, Caen, Bobigny, Chambéry. Un lieu pluridisciplinaire de rencontre directe et sans médiation entre l'individu et l'art. Rendre les œuvres proches de chacun et parier sur les vertus transformatrices de l'art.

5 Construction ou modernisation de grands établissements culturels (Institut du Monde arabe, Grand Louvre, Opéra Bastille, Bibliothèque nationale de France, Arche de la Défense, Parc de La Villette). Illustrer la tradition du souverain constructeur. Inscrire Paris dans une dynamique d'ouverture architecturale à la modernité.

6 Élargissement du champ de la culture : mode, cuisine, bande dessinée, cultures urbaines (rap). Création d'événements de large diffusion et de mise en valeur des pratiques culturelles : fête de la musique; fête du cinéma; journées du patrimoine.

7 Décentralisation théâtrale avec la création des centres dramatiques régionaux; création des Maisons de la Culture; décentralisation de l'offre artistique (Fonds régional d'art contemporain); financement des structures culturelles; attractivité culturelle liée au tourisme avec la multiplication des festivals; promotion des cultures régionales; valorisation du patrimoine; création des conservatoires de musique départementaux et régionaux.

8 Les critiques touchent la tyrannie de l'État culturel et la pertinence des choix artistiques.

9 Valorisation d'un patrimoine exceptionnel et unique; politique d'urbanisation, de modernisation et de construction monumentale continue; offre culturelle de haut niveau et diversifiée; tradition d'accueil des artistes étrangers et ouverture culturelle au monde; centre événementiel mondial.

## — L'ÉTAT CULTUREL p. 123-125

1 **a.** nombre de salles de cinéma; **b.** nombre de librairies; **c.** subventions culturelles par habitant; **d.** budget du ministère de la Culture; **e.** montant des revenus des industries culturelles.

2 9,4 milliards.

3 Loi sur le prix unique du livre.

4 1300 compagnies, 3609 lieux labellisés, 1500 festivals.

5 Il réglemente pour ne pas soumettre la culture aux règles de la concurrence (prix unique du livre; quotas de diffusion (40 %) réservés aux œuvres francophones à la radio (musique) et à la télévision (films et fictions); il subventionne par un système de taxes (cinéma) ou d'aides (livres, auteurs, diffusion du spectacle vivant, création, formation).

6 Par un système de différentes taxes prélevées sur l'achat des places de cinéma, sur le chiffre d'affaires des différentes chaînes télévisées qui diffusent des films, le cinéma contribue largement lui-même à son propre financement.

7 Par un système d'aides à géométrie variable qui touche la diffusion (garantie d'un nombre de représentations), le développement des compagnies, les projets et les résidences de création, l'encouragement de la pratique des jeunes, la formation, la diffusion et l'exportation.

8 Le mécénat privé est aujourd'hui encouragé par des dispositions fiscales favorables au mécénat qui aujourd'hui finance les grands festivals, la restauration du patrimoine, les grandes expositions, les grandes institutions culturelles. Deux réalisations spectaculaires dues au mécénat : la Fondation Louis Vuitton et la Bourse de commerce-Pinault Collection.

9 Rôle des mouvements associatifs (associations d'éducation populaire, syndicats, mouvements éducatifs) pour drainer un nouveau public vers la culture. Travail de rapprochement du public et des œuvres grâce aux mouvements comme les Jeunesses musicales de France ou la Fédération des ciné-clubs; décentralisation théâtrale pour amener le public populaire vers le spectacle vivant.

10 Gratuité d'accès sous certaines conditions aux musées; chèques culture; cartes de fidélité; Pass Culture pour chaque jeune de plus de 18 ans (2020).

## — LES LIEUX DE LA CULTURE p. 127-129

1 **a.** Prix Goncourt; **b.** les existentialistes; **c.** les philosophes des Lumières; **d.** Diderot.

2 **a.** Opéra de Paris; **b.** Maisons de la Culture; **c.** Centre Georges Pompidou; **d.** Musée d'Orsay; **e.** Grand Louvre, Bibliothèque nationale de France; **f.** Musée des arts premiers.

4 Pluridisciplinarité (sciences, arts du cirque, musiques, théâtre et danses, expositions) au Parc de la Villette. Confrontation des spectateurs avec la création en train de se faire (les Subsistances, magasins d'approvisionnement de l'armée) à Lyon et le Lieu Unique (ancienne usine des biscuits LU) à Nantes. Transformation des friches industrielles réhabilitées et lieux de production artistique ou d'expositions

(Belle de Mai à Marseille, La Sucrière à Lyon, la Halle aux Vins à Bordeaux, la Piscine à Roubaix, le Cent Quatre à Paris dans les anciens dépôts des Pompes Funèbres, les Ateliers mécaniques à Arles.

5 L'État, ses rois, empereurs et présidents ont voulu s'identifier à la culture en lui construisant des « cathédrales » ; ils ont voulu s'inscrire dans une continuité devenue millénaire et illustrer la grandeur du pays.

## — LES PRATIQUES CULTURELLES p. 131-133

1 **a.** fréquentation du cinéma ; **b.** fréquentation du théâtre ; **c.** fréquentation des concerts ; **d.** pourcentage d'inscrits à la bibliothèque.

2 **a.** 78 % des internautes ; **b.** 2 à 4 heures ; **c.** constitution d'album photo, écriture personnelle, production de vidéos, pratique du dessin ou des arts graphiques.

3 **a.** 29 % (15-24 ans) ; 15 % (25-34 ans) ; **b.** 17 % ; **c.** 22 % ; **d.** 22 %.

4 Écarts entre les catégories socio-professionnelles ; écarts entre culture de masse et pratiques distinctives (l'opéra) ; écarts entre urbains et ruraux, parisiens et provinciaux ; écarts entre actifs et retraités gros consommateurs culturels ; écarts entre jeunes générations nées avec le numérique et seniors autour des nouvelles pratiques culturelles liées au numérique et aux réseaux.

5 Consommation culturelle par les accès numériques ; écoute de la musique téléchargée ; visionnage des films ou des séries en streaming ; podcast de programmes documentaires ; information grâce aux médias en ligne...

6 Les jeunes pratiquent massivement les jeux vidéo, regardent les films en streaming ou en VOD, lisent moins (2 h 30) et surtout des mangas et des BD et écoutent plus de musique (8 h par semaine) chaque jour. Les seniors lisent plus (5 h par semaine), regardent les films à la télé ou sur DVD et écoutent moins de musique (7 h par semaine).

7 Règne de l'éclectisme culturel ; massification, diversité et intensité des pratiques culturelles (culture cultivée, urbaine ou scolaire) ; pratiques marquées aussi par la diversité culturelle ; effacement des frontières entre les différentes formes de cultures.

8 Concurrence de la télévision par les smartphones, ordinateurs et tablettes ; augmentation de la pratique des jeux vidéo ; divertissement majoritaire, le cinéma se consomme en salle, en DVD, en streaming ou en vidéo ; concentration de la fréquentation des musées sur les grandes institutions et les expositions événements ; intégration de la musique au quotidien grâce aux différents vecteurs numériques ; fréquentation occasionnelle du théâtre où sont privilégiés spectacles comiques et one-man et women show.

## — LES INDUSTRIES CULTURELLES p. 135-137

1 44, 5 milliards de résultat économique ; 11 % de rentabilité.

2 **a.** cinéma ; **b.** cinéma ; **c.** multimédia ; **d.** distribution de produits culturels ; **e.** cinéma ; **f.** édition.

3 **a.** *Astérix ; Le petit monde de Don Camillo ; La guerre des boutons ; Les Misérables* ; **b.** 1. *Le Corniaud* ; 2. *Taxi* ; 3. *Don Camillo* ; **c.** *Bienvenue chez les Ch'tis ; La grande vadrouille, Mission Cléopâtre ; La Guerre des boutons* ; **d.** *La Grande vadrouille ; Les Visiteurs ; Le petit monde de Don Camillo ; Le Corniaud, La guerre des boutons ; Les Misérables.*

4 La place qu'occupe la culture dans l'imaginaire français ne saurait l'associer à une vision marchande : c'est l'art pour l'art. Au mieux, on lui reconnaît un pouvoir d'influence.

5 L'audiovisuel et les arts visuels qui sont les domaines qui progressent le plus. L'audiovisuel croît de 2,5 % grâce aux jeux vidéo (+ 20 %), à la musique (+ 5,4 %) et à la production télévisée (+ 4,2 %).

6 Les industries culturelles doivent faire face au numérique, à la dématérialisation des supports (livre, musique, cinéma), aux modifications des modes de distribution (VOD, streaming, podcast) et à la substitution de l'abonnement à l'acte d'achat.

7 Le cinéma est concentré entre trois groupes (Gaumont, Pathé, UGC), le livre entre deux groupes (Editis et Hachette), même s'il existe d'autres groupes prestigieux et ciblés, la distribution entre deux groupes (FNAC, Cultura, aux côtés de 3600 librairies), la musique entre trois labels (Universal Music, Sony Music, Warner Music) qui voisinent avec une myriade de labels indépendants.

8 La diversité, la curiosité, l'éclectisme sont assurés pour le livre, avec le maintien d'un réseau de 3600 librairies ; au cinéma, grâce à un réseau de 1000 salles labellisés « art et essai » ; pour la musique par un réseau de 4000 points de vente qui permet de faire coexister toutes les musiques notamment l'engouement pour les musiques urbaines.

## — UN COMBAT : LA DIVERSITÉ CULTURELLE p. 139-141

1 **a.** accords Blum-Byrnes sur le cinéma; **b.** loi sur la protection des publics jeunes; **c.** lois sur les quotas de diffusion des films et des musiques.

2 **a.** accords du GATT qui considèrent que les produits culturels ne sont pas des produits comme les autres; **b.** suspension des négociations de l'OCDE; **c.** retrait des produits culturels de la libéralisation du commerce mondial; **d.** convention de l'UNESCO sur la diversité culturelle.

3 Admiration pour le cinéma, la littérature, le jazz, la danse. Accueil des artistes et reconnaissance souvent supérieure à celle dont ils jouissent dans leur propre pays.

4 Sciences humaines et sociales; musique classique; cinéma; peinture.

5 Uniformisation des modes alimentaires et vestimentaires; consommation des produits télévisuels et cinématographiques main stream.

6 Accords Blum-Byrnes sur le cinéma : reconstruction rapide de l'industrie cinématographique français; loi sur la protection des publics jeunes : développement de l'école de BD franco-belge; lois sur les quotas de diffusion des films et des musiques : renouvellement de l'offre musicale (musique électronique) et fictionnelle (sitcoms, dessins animés).

7 Relents nationalistes et protectionnistes.

# Domaines/IDÉES

# 8 LES GRANDS COURANTS INTELLECTUELS

## — L'INTELLECTUEL, L'ENGAGEMENT ET L'OPINION p. 143-145

1 **a.** Sartre, Camus, Beauvoir, Aron; **b.** Foucault, Vidal-Naquet, Touraine, Morin; **c.** les nouveaux philosophes : Glucksmann, Henri-Lévy; **d.** Bourdieu, Finkielkraut, Debray; **e.** intellectuels médiatiques (Onfray, Zemmour, Bruckner, Fourest, Fassin, Enthoven).

2 Un intellectuel, c'est celui qui, au nom de sa compétence, se donne le droit ou se confère le devoir d'interpellation.

3 L'intervention, la prise de position des intellectuels, leur animation du débat aussi bien sur des sujets d'ordre politique qu'éthique. Des phares à la fois signal et indicateur de la direction à suivre.

4 L'intervention des intellectuels de la génération de Sartre passait essentiellement par les revues (type *Temps Modernes*, plus tard, *Le Débat*) et la publication d'ouvrages. À partir des années 1980, elle passe par les médias (tribunes régulières dans les journaux nationaux; participation à des émissions de débats à télévision) : c'est la génération des intellectuels médiatiques (André Glucksmann, Bernard Henri-Lévy, Alain Finkielkraut ou Régis Debray); Aujourd'hui, on parle de télé-intellectuels dont la personnalité, la présence dépassent le discours.

5 *Thèmes politiques :* l'idéologie communiste; le déclin des idéologies totalitaires; la lutte contre le colonialisme, l'impérialisme, les guerres régionales (du Vietnam à la Syrie en passant par la Bosnie); *Thèmes de société :* la culture, l'identité, la mondialisation, les conflits ethniques, les mouvements sociaux.

6 Prendre en compte la personnalité de l'auteur (juif franco-allemand, résistant, associé à la rédaction de la Déclaration universelle des Droits de l'Homme). En pleine mondialisation sauvage et triomphante, l'appel à la résistance, à l'engagement, la mise en valeur de l'intérêt général, de la solidarité sont des thèmes universels qui ont suscité un grand écho éditorial (4 millions d'exemplaires vendus). *Indignez-vous* est devenu le slogan de nombreuses manifestations dans différents pays jusqu'aux États-Unis (*Occupy Wall Street*).

7 L'intellectuel historique a perdu sa légitimité à force de s'être trompé sur les causes à défendre et le moment est venu qu'il retourne vers le silence de ses travaux et des laboratoires. Ce qu'il en reste, c'est l'intellectuel médiatique qui, au-delà de son champ de compétence particulier, tire sa légitimité de sa médiatisation.

## — LES MAÎTRES-PENSEURS : SARTRE, BEAUVOIR, CAMUS p. 147-149

1 **a.** Sartre : *L'Être et le Néant*; **b.** Sartre : *Le Mur, La Nausée, Les Chemins de la liberté*, Camus : *La Peste, L'Étranger*, Beauvoir : *L'Invité, Le Sang des autres*; **c.** Sartre : *Huis clos*, Camus : *Caligula, Le Malentendu*; **d.** Camus : *Le Mythe de Sisyphe*, Beauvoir : *Le Deuxième Sexe*.
2 **a.** Camus; **b.** Beauvoir, Sartre; **c.** Beauvoir; **d.** Beauvoir, Sartre; **e.** Sartre; **f.** Sartre.
3 L'affirmation de la liberté de l'homme, de ses choix, de sa responsabilité.
4 On met l'accent sur l'homme, sa liberté, sa responsabilité.
5 Le postulat du livre « *On ne naît pas femme, on le devient* » est devenu universel. Surtout, Simone de Beauvoir démontre le caractère irréductible de la condition féminine à partir de connaissances biologique, psychanalytique, historique, anthropologique. Sa pensée a accompagné tous les débats sur la condition féminine jusqu'à aujourd'hui.
6 Sa dénonciation le 8 août 1945 de l'utilisation de l'arme nucléaire à Hiroshima, son rejet de toute forme de totalitarisme, ses prises de position qui refusent les oppositions simplistes ont fait de Camus une figure incontournable de l'humanisme d'aujourd'hui, un humanisme démocratique de libération en phase avec les valeurs et une éthique liées aux droits de l'homme.

## — LES STRUCTURALISTES : LÉVI-STRAUSS, FOUCAULT, LACAN, BARTHES p. 151-153

1 Enseignement et missions en Amazonie.
2 **a.** université; **b.** Collège de France; **c.** groupe d'observation des prisons.
3 Lacan a enseigné dans chacun de ces lieux.
4 Le structuralisme vise à mettre en évidence les structures abstraites d'organisation pour la compréhension et l'explication de leurs réalisations concrètes.
5 Il croyait à la même force et à la même dignité de toutes les cultures.
6 La recherche, l'enseignement et l'action publique sont intimement liés dans l'œuvre de Michel Foucault. Son travail de philosophe est indissociable de ses prises de position, notamment sa critique des institutions sociales (psychiatrie, prison, médecine, lieux du pouvoir des idées).
7 L'Inconscient est structuré comme un langage. Ses prises de position sur le retour à Freud; sur sa manière d'envisager la cure.

## — L'ÉCOLE SOCIOLOGIQUE p. 155-157

1 **a.** Edgar Morin; **b.** Pierre Bourdieu; **c.** Alain Touraine; **d.** Michel Crozier.
2 Il a fait découvrir les œuvres de Max Weber, redécouvrir celles de Tocqueville.
3 Raymond Aron a refusé de laisser la pensée sociologique française prisonnière de l'influence marxiste (*L'opium des intellectuels*). Il a dénoncé très tôt les totalitarismes et défendu, au nom de la démocratie, un modèle libéral d'organisation de la société. Sa pensée sur les relations internationales, ses réflexions sur la guerre et sur la stratégie à l'âge nucléaire ont eu une résonnance internationale importante.
4 *Sociologie de l'action* pose une théorie générale des mouvements sociaux; *La société postindustrielle* pose comment la société est le produit de l'action sociale des individus; *Le retour de l'acteur* invite à faire de sa vie un récit. Alain Touraine s'attache à montrer comment la société est le produit de l'action sociale des individus en quête de sens.
5 Crozier s'intéresse aux mécanismes d'organisation. Il a ainsi donné à l'entreprise une méthode de diagnostique organisationnel.
6 Aborder l'homme dans sa nature multidimensionnelle; refuser une approche sous une seule dimension parce qu'elle interdit de le comprendre vraiment.
7 Un espace de différenciation où les rapports de domination sont dissimulés. Trois notions : la notion d'habitus, la matrice à travers laquelle nous voyons le monde; la notion de champ, le microcosme qui possède ses propres règles du jeu; la notion de capital, ce que chacun détient de capital économique et culturel.

## — LES « NOUVEAUX PHILOSOPHES » p. 159

1 Bernard-Henri Lévy et André Glucksmann.
2 **a.** Jean-Pierre Dollé; **b.** André Glucksmann; **c.** Jambert et Lardreau; **d.** Bernard-Henri Lévy.
3 Refus de l'emprise des idéologies fasciste et communiste.
4 La pensée de Glucksmann contribue à décomplexer toute une partie de la gauche hésitante, à s'émanciper de l'emprise intellectuelle du marxisme-léninisme.
5 Leur enfermement dans leur tour d'ivoire. Non, la pensée intellectuelle française est très marquée par la pensée de Sartre sur l'engagement de l'intellectuel dans la cité.
6 Création de collection; occupation de l'espace médiatique.
7 Tchétchénie, Bosnie, Afghanistan.

## — LE CHAMP INTELLECTUEL FRANÇAIS AUJOURD'HUI p. 161

1 Lutte, opposer, pression, conflit, mêlée, opposition, engagement, défense, guerre, haine, se dresser, division, danger, pulsion, effondrement, stigmatiser, s'en prendre, front.
2 Les intellectuels sont, en général, attachés aujourd'hui à une université, grande école, à un think tank, à une fondation ou à un centre de recherche. Ils sont présents dans les principaux lieux de médiatisation ou de vulgarisation du savoir : les salons, les colloques, tables rondes et surtout les émissions médiatiques.
3 Ils reproduisent la plupart du temps l'opposition gauche-droite notamment dans l'alternative justice-liberté ou « tout-société »-individualisme. En matière économique, ils se situent entre libéralisme et critique du capitalisme, économie sociale de marché et décroissance. Sur le plan éthique, ils dessinent un front « humaniste » qui critique globalement les effets de la société « matérialiste » issue de la technoscience.
4 Il reste pertinent sur les plans politique autour de la solidarité, économique autour de la place et du rôle de l'État, éthique autour des valeurs d'autorité, de responsabilité et d'engagement.
5 Elle passe par une critique du totalitarisme et donc une critique conjointe du communisme et du fascisme; au nom des droits de l'homme, qui constituent l'unité de mesure universelle de la politique des États, ils défendent des engagements à l'occasion des guerres de Bosnie, Serbie, Irak, Libye ou Syrie ou des mouvements démocratiques type « printemps arabe ».

# Domaines/LITTÉRATURE

# 9 LE ROMAN

## — LE ROMAN EXPÉRIMENTAL p. 165-167

1 **a.** *Les Faux monnayeurs*; **b.** *Voyage au bout de la nuit*; **c.** *Barnabooth*; **d.** *Zazie dans le métro*; **e.** *À la Recherche du temps perdu*.
2 **a.** *Barnabooth*; **b.** *Du côté de chez Swann*; **c.** *Les Faux-Monnayeurs*; **d.** *Voyage au bout de la nuit*; **e.** *Exercices de style*; **f.** *La Vie, mode d'emploi*.
3 Une remise en cause de la structure, le rapport à la narration, une réflexion sur le roman en train de s'écrire, un jeu avec les formes. Le recours au monologue intérieur (*Barnabooth*); l'écriture sous contraintes formelles (Queneau, Pérec); l'invention verbale (Céline, Queneau); la multiplication des points de vue sur le roman (Gide); le labyrinthe du moi. (Proust)

4 Les deux œuvres sont des radiographies de la comédie humaine, Proust pour en montrer la cruauté, Céline, l'absurdité.

5 **a.** À *la recherche du temps perdu*; *Les Faux-Monnayeurs*; **b.** *Exercices de style*; *La Vie, mode d'emploi*; **c.** *Barnabooth*.

6 *Zazie dans le métro* avec l'utilisation de néologismes, de déformations, d'onomatopées. Exemples : le plus célèbre qui ouvre le roman : *Doukipudonctan*; mais aussi *bloudjinnzes* pour blue jeans; ou encore *meussieu* pour monsieur...

7 Tous ces noms sont des noms imagés : Bardamu (l'homme qui n'a que lui-même pour tout bagage, encombré de lui-même); Swann (renvoie à ses équivalents anglais et allemand qui désigne le cygne, image d'esthète qui glisse sur le monde); Zazie avec son double *z* a quelque chose d'un surnom affectueux enfantin mais fait penser aussi à zizanie, au refus de s'accorder avec l'ordre du monde qui est au cœur du roman.

10 1. Légende de Saint-Germain-des-Prés; créateur du cocktail de sa propre vie; OVNI; un homme du troisième type; le beau risque vivant.; 2. Il découvre son talent de chanteuse, fréquente *Le Tabou* avec elle.; 3. Il joue du jazz, fréquente les cafés, les caves (*Le Tabou*), il est au cœur de la créativité, fait des rencontres.

## — LA TRADITION PSYCHOLOGIQUE ET SOCIALE p. 169-171

1 a. *Le Grand Meaulnes*; **b.** *Thérèse Desqueyroux*; **c.** *Le Diable au corps*; **d.** *Le blé en herbe*.

2 *La Comédie humaine* et *Les Rougon-Macquart*.

3 Une attention particulière portée aux personnages, à leur caractère; une maîtrise du style; une architecture savante des dialogues.

4 Des personnages qui n'acceptent pas d'entrer dans le monde adulte (Alain Fournier); un combat entre individu et ordre social (Colette); le déchirement entre corps et esprit (Mauriac); l'exercice de lucidité sur soi et les autres (Bernanos); l'anéantissement de soi par la passion (Radiguet).

5 Des femmes qui n'ont pas peur de leur désir, vont jusqu'au bout d'elles-mêmes, qui se risquent à bousculer l'ordre social, qui entendent s'affirmer d'un point de vue politique et social.

6 Un désenchantement (*Aurélien*); une lutte paroxystique (*Sous le soleil de Satan*); un aveuglement; un combat (*Thérèse Desqueyroux, Le nœud de vipère*); un ravage (*Le Diable au corps*).

7 Émergence d'un nouveau capitalisme industriel : la destruction de la famille par le progrès de la technologie; les luttes entre nationalistes belliqueux et pacifistes pendant l'entre-deux-guerres : opposition idéologique liée à la guerre; le mal de vivre qui suit la Première Guerre mondiale; l'incapacité à s'inventer un destin collectif; les luttes sociales : le désenchantement collectif.

## — DU DÉSENCHANTEMENT ROMANESQUE À L'ACTION p. 173

1 **a.** *La Peste*; **b.** *La Nausée*; **c.** *L'Étranger*; **d.** *Le Feu follet*.

2 **a.** *La Peste*; **b.** *La Nausée*; **c.** *L'Espoir*; **d.** *L'Étranger*; **e.** *L'humeur vagabonde*.

3 Une existence absurde (*La Nausée*); un dépassement de soi (*La Condition humaine*); l'angoisse de l'absurde (*L'Étranger*); un spleen (*Le Hussard bleu*); un nouveau mal du siècle (*Le Feu Follet*); un mal de vivre (*Aden Arable*).

4 Pour Malraux, se donner une raison de vivre; pour Saint-Exupéry, Kessel, Gary, exprimer la solidarité et le dépassement de soi; pour Sartre, changer « à la fois la condition sociale de l'homme et la conception qu'il a de lui-même ».

## — LE NOUVEAU ROMAN p. 175-177

1 Journal *Le Monde* en 1957.

2 Dostoïevski, Freud, Joyce, Kafka, Proust, Svevo.

3 **a.** *Hiroshima mon amour*; **b.** *La Route des Flandres*; **c.** *Le Marin de Gibraltar*; **d.** *Les Géorgiques*; **e.** *Les Gommes*; **f.** *Quelqu'un*; **g.** *La Jalousie*; **h.** *Vous les entendez ? Cette Voix*.

4 **a.** Robbe-Grillet; **b.** Claude Simon; **c.** Nathalie Sarraute; **d.** Marguerite Duras.

5 Illisibilité; objet théorique; sécheresse; désincarnation.

6 *L'Ère du soupçon* et *Pour un nouveau roman*. Un personnage indéfinissable, sans nom, sans psychologie, qui a un rapport accidentel au monde.

7 La manipulation du récit (Robbe-Grillet); le rapport temps-espace (Michel Butor); la perte de cohérence des personnages (Robert Pinget); la dramaturgie de la parole (Nathalie Sarraute); le rapport au Temps et à l'Histoire (Claude Simon); l'identité menacée par le désir (Duras).

8 Le temps est à la fois mémoire, souvenir, durée.

## — LES NOUVEAUX CLASSIQUES p. 179-181

1 **a.** *La Vie devant soi*; **b.** *Les Mémoires d'Hadrien*; **c.** *Vendredi ou Les Limbes du Pacifique*; **d.** *Belle du Seigneur*; **e.** *La Vie devant soi*; **f.** *Désert*; **g.** *L'œuvre au Noir*; **h.** *Dora Bruder*.

2 **a.** *Désert*; **b.** *Aimez-vous Brahms?*; **c.** *Gaspard, Melchior et Balthazar*; **d.** *L'œuvre au Noir*; **e.** *Le Procès-Verbal*; **f.** *Livret de famille*; **g.** *Une femme fardée*; **h.** *L'extase matérielle*.

3 La reconnaissance critique et publique; il vise l'universel; il entre dans les anthologies scolaires.

4 *Propositions :* **a.** le donjuanisme en écriture; **b.** un jeu d'apparences et de faux fuyants; **c.** un lieu d'énonciation d'une survie; **d.** le capital de rêverie de la langue; **e.** une inspiration qui vient de la matière historique; **f.** un goût pour le récit symbolique; **g.** un écrivain qui en cache un autre; **h.** une exploration du rapport cruel entre l'homme et le monde.

5 Saga; conte; monologue; fragments, traités.

6 **a.** un long monologue introspectif; **b.** la passion amoureuse et la destruction d'un couple; **c.** le triomphe de la tristesse sur la perte des illusions; **d.** la rencontre de la vieille dame et du petit garçon; **e.** l'ogre dévoreur d'enfants.

9 1. **a.** naissance; **b.** mort de son frère Rudy; **c.** parution de *La Place de l'Étoile*; **d.** Prix Nobel; 2. Essayer de retrouver des traces de choses énigmatiques pour essayer de les élucider; retrouver des explications; chercher à résoudre des énigmes.; 3. Le choix d'une œuvre dans la mémoire, l'intimité, la discrétion.; 4. L'obsession de la mémoire, l'invention du brouillard scintillant. Une œuvre dans la tradition française : élégante, classique, pudique, allusive, grave, profonde.

## — LE ROMAN POSTMODERNE p. 183

1 **a.** *La Télévision*; **b.** *Dring*; **c.** *Dit-il*; **d.** *Un soir au club*; **e.** *Mourir m'enrhume*.

2 **a.** vies; **b.** expériences; **c.** situation; **d.** personnages. Le roman quotidien de gens ordinaires.

3 Une manière ironique d'aborder la fiction.

4 Il dit la misère du monde : misère affective, sexuelle, spirituelle, économique.

5 Chez Pierre Michon, c'est à l'écriture de dire et de magnifier des personnages obscurs ou ordinaires.

## — LA PLACE DES AUTEURES p. 185

1 **a.** Alice Ferney; **b.** Anne-Marie Garat; **c.** Anne Gavalda.

2 Elles sont présentes dans tous les types de récit, de la chronique aux recherches les plus audacieuses.

3 émancipation (Benoîte Groult); expériences sexuelles (Catherine Millet); ambivalence sexuelle (Hélène Cixous); violence sexuelle (Christine Angot).

4 Les blessures liées aux expériences ou violences sexuelles; le roman familial; le corps féminin, le rapport à la maternité.

5 Troubles du rapport familial, transmission de la mémoire familiale, exploration du quotidien.

6 Par distinction, Bourdieu entend un espace de différenciation où les rapports de domination sont dissimulés. Trois notions : la notion d'habitus, la matrice à travers laquelle nous voyons le monde; la notion de champ, le microcosme qui possède ses propres règles du jeu; la notion de capital, ce que chacun détient de capital économique et culturel.

De cette matrice, Annie Ernaux retient, pour sa matière romanesque, l'absence de capital culturel; l'image sociale du père et de la mère; la misère sexuelle.

## — L'AUTOBIOGRAPHIE p. 187

1 **a.** François Nourissier; **b.** Jean-Paul Sartre; **c.** Julien Green; **d.** Michel Leiris; **e.** Serge Doubrovsky; Hervé Guibert; **f.** Christine Angot; **g.** Marcel Jouhandeau; **h.** Nathalie Sarraute; **i.** Alain Robbe-Grillet; **j.** Simone de Beauvoir.

2 *L'exploration de soi par soi* : Julien Green; Marcel Jouhandeau; François Nourissier; *La saisie du moi par l'autre* : Michel Leiris; *Le récit rétrospectif* : Simone de Beauvoir; *La rencontre du narcissisme et de l'autobiographie* : Christine Angot, Hervé Guibert, Serge Doubrovsky.

3 Le moi est matière à écriture. Le moi est son écriture.

4 Faire de l'autobiographie le récit d'une entrée en écriture, autour des deux expériences de la coupure avec la réalité : l'expérience de la lecture et celle de l'écriture.

5 La négation du déterminisme social (on ne devient pas une jeune femme rangée qui devrait ressembler au milieu d'où l'on vient); l'individualisation et la liberté des choix; l'inscription de la trajectoire individuelle dans la trajectoire collective (les combats).

## — LE ROMAN POLICIER p. 189-191

1 **a.** Fabio Montale; **b.** Inspecteur Juve; **c.** Maigret; **d.** Rouletabille; **e.** San-Antonio.

2 **a.** Jean-Claude Izzo; **b.** Daniel Pennac; **c.** Frédéric Dard; **d.** Léo Malet; **e.** Georges Simenon; **f.** Pierre Véry.

3 Le lecteur est alors admirateur autant du dispositif que de la manière dont l'inspecteur s'y prend pour la résoudre.

4 Maigret s'intéresse moins au crime qu'au criminel.

5 *Les nouveaux mystères de Paris* en référence au roman populaire, *Les Mystères de Paris*, d'Eugène Sue. Le principe : une intrigue par arrondissement.

6 **a.** 12e arrondissement (est de Paris; porte le nom d'une bataille victorieuse du roi de France Clovis, en 496; lieu de fêtes techno dans les années 1980-1990); **b.** 15e (emplacement historique des usines Citroën aujourd'hui remplacées par un grand parc; a donné son nom à un désinfectant : l'eau de javel); **c.** 5e (Quartier Latin; vie étudiante (La Sorbonne); cinéphilie; événements de mai 1968; **d.** 16e (Passy, Auteuil, Chaillot); (siège de l'OCDE; Musée Marmottan pour Monet; Maison de Balzac).

7 **a.** double sens : climatique et état de confusion; sonorités en « a » dans le titre; **b.** référence à un produit; **c.** phénomène consonantique autour du « m » et de l'alignement des différentes voyelles (*i, a, o, u*); **d.** antiphrase : opposition bavard/muet; **e.** parodie de sentence; **f.** allusion religieuse; **g. h.** parodie de titre : *La Madone des sleepings*; *La petite marchande d'allumettes.*

8 Le truand se définit par son quartier, ses habitudes, son langage.

11 Racisme; excès policiers; dérives mafieuses; affaires politico-économiques.

# 10 LA LITTÉRATURE FRANCOPHONE p. 193-195

1 Maghreb; Afrique subsaharienne; Proche-Orient; Québec; Belgique; Suisse; Madagascar; Océan Indien; Caraïbes.

2 Réhabiliter l'homme noir; parier sur le métissage du français et du créole; établir des ponts entre deux cultures; proposer une littérature de la célébration des combats; parler l'île; porter la parole féminine; construire une littérature de résistance; transcrire la tradition orale.

3 Langue d'aliénation; langue de libération; langue de combat; langue de l'expression littéraire.

4. Réhabilitation de l'homme noir et de ses valeurs portée par Césaire, Senghor, Gontran-Damas autour des œuvres suivantes : *Cahier du retour au Pays natal* (Césaire); *Chants d'ombre* (Senghor); *Pigments*, poésie (Gontran-Damas).

5 La libération de la domination coloniale n'a pas tenu ses promesses en termes de démocratisation, de progrès et de libertés individuelles menacées par le totalitarisme religieux qui a engendré, en Algérie, une vraie guerre civile. En Algérie, Rachid Mimouni, Yasmina Khadra ont porté cette désillusion et ce désenchantement; aujourd'hui Boualem Sansal et Kamel Daoud vont plus loin dans la mise en garde contre l'islamisme et sa colonisation des pouvoirs. Au Maroc, Driss Chraïbi, Abdelkebir Khatibi, Tahar Ben Jelloun ont porté ce désenchantement.

6 Passage de la description de la réalité africaine à une littérature qui célèbre la littérature pour elle-même.
7 **a.** rurale, vaudou, érotique; **b.** réalisme magique, onirisme; **c.** enracinement paysan.
8 Sur le plan linguistique, le métissage de la langue, notamment le français et le créole. La littérature des îles est porteuse de valorisation de l'enracinement, du questionnement de l'identité, d'éloge de la différence mais aussi des douleurs de l'arrachement, de l'exil.
9 Littérature de la résistance; littérature de la quête d'identité; littérature de l'écoute de soi.
10 Blaise Cendrars, Robert Pinget, Henri Michaux et Georges Simenon.
11 Jacques Chessex; Nicolas Bouvier; Philippe Jacottet.
13 1. **a.** 300 m de large, 900 m de long; **b.** 1 500 habitants; **c.** 1 000 musulmans; 500 chrétiens; **d.** pêche, commerce.; 2. **a.** 500 déportés par an; **b.** 5; **c.** 2,60 m x 2,60 m; **d.** 15 à 20 personnes; **e.** 25 à 30 %; **f.** Bill Clinton, Yasser Arafat, le Pape Jean-Paul II.

## 11 LA BANDE DESSINÉE p. 199-201-203

1 **a.** Tintin; **b.** Astérix; **c.** Spirou; **d.** Lagaffe; **e.** Les Pieds Nickelés; **f.** Les Bidochon; **g.** Les Schtroumpfs; **h.** Titeuf.
2 **a.** *L'Épatant*; **b.** *Le Petit Vingtième*; **c.** *Le Journal de Spirou*; **d.** *Le Journal de Tintin*; **e.** *Pilote*; **f.** *Hara-Kiri.*
3 Un style : la ligne claire; un aller-retour entre Bruxelles et Paris; un jeu d'influences réciproques.
4 Naissance de personnages (Astérix, Lucky Luke, Tanguy et Laverdure); creuset pour une génération de dessinateurs; échanges franco-belges.
5 **a.** Branquignol, Filochard et Ribouldingue; **b.** Milou, Capitaine Haddock, les Dupont, le Professeur Tournesol, La Castafiore; **c.** Obélix, Panoramix, Idéfix, Assurancetourix; **d.** Robert et Raymonde; **e.** Tata, Tonton, Doudou, Hercule.
6 Exploration de nouveaux styles graphiques et narratifs; apparition de nouveaux genres qui vont connaître des prolongements au cinéma : héroïc fantasy; aventure et science-fiction; space opera; thriller.
7 Autobiographie (*Persepolis*); adaptation littéraire (Proust, *À la recherche du temps perdu*); BD documentaire (*Rural*).
8 L'autobiographie devient un genre à part entière de la BD : vie quotidienne, récit de vie, découvertes du monde occupent les récits des auteurs.
9 Bande dessinée japonaise. Ils reproduisent certains codes : taille du livre, nombre de pages, utilisation du noir et blanc, etc. et s'inspirent du style et de la narration.
10 **a.** 1974; **b.** 200 000; **c.** Hugo Pratt, André Franquin, Hergé ou Osamu Tezuka; **d.** Claire Bretécher (1982), Florence Cestac (2000) et Rumiko Takahashi (2019).
12 **a.** *Les Frustrés*; **b.** elle s'intéresse aux rapports humains et aux rapports sociaux, retranscrit l'air du temps; **c.** le divorce, la monoparentalité, les familles recomposées, l'homosexualité; **d.** Agrippine est une adolescente insupportable qui passe son temps avec ses copains ou au téléphone et en conflit avec ses parents mais affectueuse avec son arrière-grand-mère, Zonzon.

# 12 LE CINÉMA

## — LE GOÛT DU CINÉMA DE GENRES p. 205-207-209

1 **a.** *Les Petits mouchoirs, Ne le dis à personne*; **b.** *Les Garçons et Guillaume à table!*; **c.** *Sous le sable, Le temps qui reste, Jeune et Jolie, Grâce à Dieu*; **d.** *Les Glaneurs et la glaneuse, Visages, Villages*; **e.** *L'emploi du temps*; **f.** *Persépolis*; **g.** *Polisse*; **h.** *La Vie d'Adèle 1&2* ; **i.** *Les Chansons d'amour.*

2 **a.** *Les Petits mouchoirs*; **b. c.** *L'auberge espagnole, Les Poupées russes, Casse-tête chinois*; **d.** *Bienvenue chez les Ch'tis*; **e.** *Les Femmes du 6e étage*; **f.** *Intouchables*; **g.** *Mesrine*; **h.** *Roubaix, une lumière*; **i.** *L'auberge espagnole, Les Poupées russes, Casse-tête chinois.*

3 Ce sont des films de tandem; ils opposent deux personnages qui n'ont rien à voir ensemble et que seules les circonstances les fait se rencontrer.

4 *Comédie du quotidien :* l'observation amusée, méchante ou noire du quotidien : quotidien familial; règlements de compte familiaux ou conjugaux; quotidien attirant de la société de consommation.
*Comédie générationnelle :* comédie de l'incompréhension; comédie de l'attirance improbable; comédie du quiproquo.
*Comédie de groupes :* une expérience en commun tour à tour grave ou drôle de gens qui n'auraient pas dû se retrouver ensemble et qui va être à l'origine de conflits, de découvertes. Un regard au choix ironique, amusé, complice ou parfois méchant sur un groupe social particulier.

5 Un cinéma des petits riens (blessures, secrets, désirs) passés sous un microscope.

6 *Collaboration :* l'armistice demandé par le régime de l'État français a conduit soit à continuer à vivre comme avant (collaboration passive) et à s'accommoder de l'occupant nazi, soit à collaborer avec lui (rafle des Juifs par la police française; mise à disposition de l'outil industriel; organisation et participation au service du travail obligatoire en Allemagne; lutte contre la Résistance; propagande idéologique.)
*Antisémitisme :* rappeler que la République a accordé aux Juifs une citoyenneté pleine et entière; deux événements ont vu resurgir un antisémitisme de masse : l'affaire Dreyfus et la participation de l'État français à la chasse aux Juifs pour le compte du régime nazi.
*Guerre d'Algérie :* voir partie Histoire.

7 Comme la BD, le cinéma d'animation francophone s'adresse aussi à un public adulte et propose un cinéma de réflexion avec des univers et des récits de forme très différente : conte, allégorie philosophique ou récit autobiographique.

9 C'est une école qui revendique une approche à la fois objective et un regard qui n'exclut pas la subjectivité. Raymond Depardon, Nicolas Philibert appartiennent à la première école; Agnès Varda, Laurent Cantet ou Rodolphe Marconi plutôt à la seconde.

## — PERMANENCE ET RENOUVELLEMENT DU CINÉMA FRANÇAIS p. 211-213-215

1 **a.** *La Môme (alias La Vie en rose)* : prix d'interprétation pour Marion Cotillard, *The* Artist (meilleur film, meilleur réalisateur, meilleur acteur pour Jean Dujardin, meilleure musique, meilleurs costumes); *M. Hublot,* court métrage d'animation; **b.** *Entre les murs, La vie d'Adèle 1 & 2, Dheepan*; **c.** *Les Misérables.*

2 **a.** *La fabuleuse histoire d'Amélie Poulain*; **b.** *la série des OSS 117*; **c.** *Les Petits mouchoirs*; **d.** *Joyeux Noël*; **e.** *J'accuse*; **f.** *Indigènes.*

3 Audace et invention par tradition (Nouvelle vague; modèles narratifs, Alain Resnais, Robbe-Grillet); par les choix esthétiques (film muet en noir et blanc, *The Artist*); fiction documentaire jouée par des non professionnels (*Entre les murs*); par la diversité des sujets (banlieue, immigration, différences, marginalité).

4 Grande diversité des sujets : handicaps (paralysie, surdité); préjugés raciaux; préjugés religieux; échecs sociaux et familiaux.

5 Cinéma qui accorde une grande importance au dialogue, à l'affrontement, à l'analyse des sentiments; films souvent adaptés d'œuvres littéraires patrimoniales ou contemporaines; jeux d'acteurs qui privilégient la caractérisation psychologique.

6 Un cinéma de sujet avec une approche réaliste dans les décors et les costumes; une mise en scène détaillée qui révèle les personnages; de longues scènes d'affrontements psychologiques qui reposent sur les dialogues et font la part belle aux acteurs et aux sentiments.

7 Attitude des Français pendant les conflits mondiaux : boucherie héroïque; souffrances du quotidien, place des femmes, blessures pour la Première Guerre mondiale; collaboration, antisémitisme pour la Seconde. Colonialisme et racisme.

**Fiche festival de Cannes : a.** 1946 (n'a pas eu lieu en 1939 à cause de la déclaration de guerre); **b.** 40000; **c.** 4000; **d.** 120; **e.** une vingtaine; **f.** 86; **g.** Palme d'Or.

## 13 LA PEINTURE p. 217-219

1 **a.** le Fauvisme; **b.** *Les Demoiselles d'Avignon*; **c.** Art non figuratif; **d.** *Manifeste du surréalisme*; **e.** nouveau réalisme; **f.** figuration libre.

2 **a.** Matisse; **b.** Braque, Picasso; **c.** Kandinsky; **d.** Breton; **e.** Klein, Arman; **f.** Combas.

3 **a.** *Amour, calme et volupté*; **b.** *Les Demoiselles d'Avignon*; **c.** *L'Homme au chapeau melon*.

4 La rencontre d'artistes venus d'Europe centrale avec des peintres français.

5 **a.** recherches sur la couleur; **b.** traiter la nature par la sphère, le cylindre ou le cône; **c.** construction d'un univers parallèle sans rapport avec la réalité; **d.** réconciliation du figuratif et du non figuratif; **e.** recyclage poétique du réel urbain, publicitaire, industriel; **f.** abolition des frontières de genre et de hiérarchie de valeurs.

6 Un univers sans rapport avec la réalité opposé à la persistance d'un rapport à la réalité sensible.

7 Non, on distingue l'abstraction géométrique, l'abstraction lyrique, l'abstraction gestuelle, l'abstraction matiériériste.

8 L'intime (Sophie Calle); La mémoire (Christian Boltanski); la mise en scène d'un monde imaginaire (Annette Messager); une manière différente de voir le réel (Claude Lévêque); la mise en scène de la représentation (Daniel Buren).

# Domaines/ARTS DU SPECTACLE

## 14 LE THÉÂTRE

### — LE TEMPS DES AUTEURS p. 221-223

1 **a.** *Ubu Roi*; **b.** *Le Partage de midi*; **c.** *Antigone*; **d.** *Les Mains sales*; **e.** *Les Justes*; **f.** *Les Chaises, En attendant Godot*; **g.** *Le Balcon, Les Coréens*; **h.** *L'Amante anglaise*; **i.** *Dreyfus, Par-dessus bord*; **j.** *L'Atelier*; **k.** *Pour un oui, pour un non*; **l.** *Combat de nègres et de chiens*; **m.** *Le Discours aux animaux, Le Drame de la vie*; **n.** *Juste la fin du monde*; **o.** *Art*; **p.** *Le Père*.

2 **a.** Feydeau, Courteline; **b.** Camus, Sartre, Anouilh; **c.** Genet, Arrabal; **d.** Claudel; **e.** Audiberti, Tardieu, Sagan, Obaldia, Billetdoux; **f.** Ionesco; **g.** Sarraute, Duras; **h.** Vinaver, Grumberg; **i.** Koltès, Lagarce.

3 **a.** *Messieurs les ronds de cuir* (Courteline); **b.** *Les Justes* (Camus); **c.** *Les Bonnes* (Genet), *Le Grand cérémonial* (Arrabal); **d.** *L'Invasion* (Adamov); **e.** *L'Atelier* (Grumberg), *Les Combats du jour et de la nuit* (Gatti); **f.** *Art* (Yasmina Réza).

4 Comédie de boulevard (Guitry, Tristan Bernard); Comédie sociale (Tardieu, Audiberti, Sagan); Comédie de l'épuisement (Beckett); comédie de l'absurde (Ionesco).

5 Quand les mots et la réalité ne collent plus ensemble, quand les mots ne sont plus le reflet de l'autre. Adamov (*Tous contre tous, Off limits*) croit qu'on peut sortir de l'absurde par la lutte sociale; Ionesco (*La Cantatrice chauve, La Leçon, Les Chaises*) décrit des personnages qui tournent en rond parce que le langage ne parvient pas à devenir un message; Beckett (*En attendant Godot, Fin de partie, Oh! Les beaux jours*) montre des personnages chez qui les mots s'épuisent jusqu'à les réduire au silence.

6 Rapport de la vie de l'individu à l'histoire des hommes; les conditions d'exploitation; la capacité à se révolter, à changer. Rendre la parole aux gens qui en sont privés. Vinaver explore le théâtre du réel (*Par-dessus bord*); Grumberg, le théâtre du quotidien (*L'Atelier, Loin d'Hagondange*); Gatti, le théâtre de la révolte (*Le dernier maquis; Les combats du jour et de la nuit à la prison de Fleury-Mérogis*).

7 Théâtre du débordement du temps et de l'espace par les mots (Claudel, *Le Soulier de Satin*); théâtre de la transgression chez Genet : les mots sont des armes (*Les Paravents, Les Bonnes*). Novarina se situe du côté de l'excès, du carnavalesque (*Discours aux animaux, Le drame de la vie*).

8 Silence, urgence, vérité, mensonge, désir, menace constituent la trame du théâtre de l'intime. Circulation du désir dans *Dans la Solitude des champs de coton, Quai Ouest* (Koltès); silence et aveu, impossibilité de dire dans *Juste la fin du monde, Le Pays lointain* (Lagarce).

## — LE TEMPS DES METTEURS EN SCÈNE p. 225-227

1 **a.** Engel; **b.** Vitez; **c.** Brook; **d.** Pinchenat; **e.** Vincent; **f.** Chéreau; **g.** Mnouchkine; **h.** Pommerat; **i.** Creuzevault.

2 **a.** Chéreau; **b.** Mnouchkine; **c.** Adrien; **d.** Lavaudant; **e.** Lassalle; **f.** Valère Novarina.

3 **a.** 1920; **b.** Gémier, Vilar, Wilson, Planchon/Chéreau/Lavaudant, Schiaretti, Bellorini; **c.** Jacno; **d.** 5 millions jusqu'en 1963, 2 millions depuis 1973; **e.** 29 pays.

4 Démocratiser l'accès au théâtre; mettre en contact les spectateurs avec les grands textes.

5 Importance égale de l'écriture dramatique et de l'écriture scénique. Le metteur en scène devient la star du spectacle. On vient voir « le Tartuffe de Planchon », le « Hamlet de Chéreau », etc.

6 Choix de la création collective; sortir le théâtre du théâtre.

7 Ils alternent œuvres du XXe siècle et répertoire classique. Œuvres du XXe siècle : *No man's land* (Pinter), *Par-dessus bord* (Vinaver) pour Planchon; *La Cuisine* (Wesker), *Mephisto* (Klaus Mann), *L'Indiade* (Hélène Cixous) pour Mnouchkine; *Les Paravents* (Genet), *Lear* (Bond), *Toller* (Tankred Dorst), *Quartett* (Heiner Müller), *Le Temps et la Chambre* (Botho Strauss), *Rêve d'automne* (Jon Fosse) les pièces de Koltès pour Chéreau.

Répertoire classique, comme s'ils devaient nécessairement repasser par les classiques pour faire leurs gammes, se confronter au noyau dur du répertoire : *Tartuffe* (Molière); *Bérénice, Andromaque* (Racine); *L'Avare*; *Georges Dandin* (Molière) pour Planchon; *La Nuit des Rois, Richard II, Macbeth* (Shakespeare), *Les Atrides* (Euripide et Eschyle), *Tartuffe* pour Mnouchkine; *Richard II, Hamlet* (Shakespeare), *La Dispute, La Fausse suivante* (Marivaux), *Massacre à Paris* (Marlowe), *Platonov* (Tchekov), *Dom Juan* (Molière), *Phèdre* (Racine) pour Chéreau.

# 15 LA CHANSON

## — LA TRADITION DE LA CHANSON D'AUTEUR p. 229-231

1 **a.** Juliette Greco; **b.** Charles Aznavour; **c.** Magali Noël; **d.** Boris Vian; **e.** Juliette Greco.
2 *L'Accordéoniste; Seule ce soir; Que reste-t-il de nos amours?*
3 *Le Chant des partisans.*
4 **a.** Dalida; **b.** Luis Mariano; **c.** Eddie Constantine; **d.** Léo Ferré chanté par Dalida.
5 Le quartier de Saint-Germain-des-Prés est lié à la philosophie existentialiste, au jazz, aux caves et à Boris Vian.
6 L'artiste est à la fois l'auteur de ses chansons qui reflètent un style et des préoccupations personnelles; il compose également la musique et il interprète ses chansons sur scène. Les grands noms : Brel; Brassens; Aznavour; Ferré; Leclerc; Béart; Gainsbourg.
7 **a.** Brel; **b.** Brassens; **c.** Aznavour; **d.** Ferré; **e.** Leclerc.
8 Ce sont des actrices qui sont aussi de vraies chanteuses ou inversement comme Brigitte Bardot, Jane Birkin ou Vanessa Paradis; ou des artistes interprètes comme Régine ou Juliette Gréco. Il leur écrira quelques-uns de leurs plus gros succès : *Bonnie and Clyde* pour Brigitte Bardot; *Les p'tits papiers* pour Régine; *La Javanaise* pour Juliette Greco; *Ex-fan des sixties* pour Jane Birkin; *Tandem* pour Vanessa Paradis.
12 1. Poète, contestataire, film (*Quai des Brumes*), inventaire (*à la Prévert*), souvenirs de classe; 2. le couple, l'amour, le point de vue sur la vie, l'école, la joie, le bonheur; 3. *une cerise; tu m'as embrassé/où je t'ai embrassée; dans mon lit; l'herbe mangera sur vous.*

## — LES NOUVELLES SCÈNES p. 233-235

1 **a.** Le temps des « Yéyés »; **b.** le temps de la dérision et de la contestation; **c.** Génération Higelin, Lavilliers, Berger; **d.** album concept de Gainsbourg : *Histoire de Melody Nelson;* **e.** le temps de la nouvelle chanson française avec Souchon et Voulzy.
2 **a.** Jacques Dutronc; **b.** Antoine; **c.** Nino Ferrer; **d.** Michel Polnaref.
3 **a.** *Göttingen, Ma France, Nantes, La Montagne*; *Manchester-Liverpool, La java à Broadway*; *Les Champs-Élysées, Les petites femmes de Pigalle*; **b.** *Dis quand reviendras-tu?*; **c.** *Je suis malade*; *La maladie d'amour*; *Besoin de personne*; *C'est beau la vie*; **d.** *Le cinéma, Comme à la radio*; **e.** *Les ballons rouges*; *Il jouait du piano debout.*
4 Edgar Morin en référence au « Yeah » qui ponctue les chansons et pour désigner une génération qui babille et qu'il voit comme régressive.
5 Ce sont les représentants de la chanson francophone québécoise. Ils familiarisent avec les thèmes identitaires et régionalistes; la musique folk; la culture musicale nord-américaine.
6 Elle est liée au mouvement protestataire de mai 1968 et a une revendication de liberté pour soi-même face à la société. Elle reprend la forme du *protest song* anglo-saxon mais aussi croise d'autres influences musicales de la chanson réaliste à la musique berbère. Deux générations : les auteurs-interprètes qui défendent des causes et signent leur engagement politique : Colette Magny, Areski-Fontaine, François Béranger, Jean-Roger Caussimon; les interprètes qui choisissent des textes engagés, notamment de poètes comme Aragon : Hélène Martin, Monique Morelli, Francesca Solleville, Isabelle Aubret, Serge Reggiani.
7 Engagement et évocation des sentiments chez Ferrat; écriture formelle chez Nougaro; intimisme, autofiction chez Barbara.
8 Une génération de chanteurs qui, avec Souchon, a digéré les influences anglo-saxonnes et qui joue sur le glissement entre musique et écriture.

**12** 1. Julien Doré, Gaëtan Roussel, Zaz, Annie Cordy, Miossec, Francis Cabrel, Camélia Jordana, Tété et Thomas Dutronc.; 2. *L'Idole; Le temps de l'amour*; 3. Françoise Hardy, la chanteuse auteure est sa compagne; son fils, chanteur; 4. amitié, nostalgie, déprime.

## — LE TEMPS DE « LA FÊTE DE LA MUSIQUE » p. 237-239

**1** **a.** Khaled; **b.** Compagnie créole; **c.** Carte de Séjour; **d.** Faudel; **d.** Tonton David.

**2** **a.** *La Fille de l'Est*; **b.** *Le Temps des cathédrales*; **c.** *Belle*; **d.** *On ne change pas*; **e.** *Casser la voix.*

**3** **a.** Francofolies; **b.** Eurockéennes; **c.** Les Vieilles Charrues.

**4** Il y a les métissages venus du raï, du reggae, du rap, de la musique créole et les influences amenées par l'immigration qui traversent la chanson française de l'autre côté du périphérique (Rachid Taha, Khaled, Kassav, Tonton David, Mano Negra et Manu Chao; Zebda); il y a aussi le désir de fusion du son et des rythmes de la chanson francophone avec le son anglo-saxon (influence rock chez Bashung; *new wave* chez Daho ou Murat).

**5** Jeu avec les mots; règne de la tachtche; retour à une chanson à texte; violence des discours contre la société; clichés machistes et sexistes.

**6** Lieu d'accueil d'une immigration méditerranéenne et africaine importante. Échange entre rap, musique celtique, culture « beur » et « gasconne », langue française, espagnole, arabe, anglaise.

**7** Grâce à des chanteurs comme Bashung, Arno, Stefan Eicher et Jacques Higelin mais aussi à des musiciens qui y mêlent d'autres influences (ska, reggae, punk, salsa, raï, rap, flamenco) chez les Négresses vertes, Indochine ou Louise Attaque.

**8** *Influences musicales* anglo-saxonnes reçues par Étienne Daho, Jean-Louis Murat, Les Têtes raides, Indochine, Louise Attaque... *Influences d'écriture :* Pérec (Delerm); Doisneau-Prévert (Thomas Fersen); Gainsbourg (Biolay); Brel (Benabar); Françoise Hardy (Carla Bruni).

**11** **a.** Fabien Marsaud; 40 ans; *Plan B*; *Impatients*; **b.** faire du sport et une carrière sportive; **c.** Rubiks cube : à cause de la multitude possible de combinaisons; **d.** pas de l'impro, très écrit, très préparé.

# Transcriptions

## page 15 – Activité 10

- Il y a 50 ans, en mai 1968, c'est du jamais vu, des étudiants occupent l'une des plus grandes universités en France, en plein Paris, la Sorbonne. *Je crois que c'est la première fois que nous voulions faire, c'est-à-dire que de fait, ici, nous occupons la Sorbonne, politiquement il faut exactement savoir ce que maintenant nous allons faire car la situation est nouvelle.* Celui qui parle s'appelle Daniel Cohn-Bendit, l'un des leaders de la révolte étudiante, bien moins bavard et enthousiaste aujourd'hui quand on lui demande de plonger dans ses souvenirs, il n'aime pas revenir sur ce passé et on le sent bien quand on lui demande à quoi ressemblaient la mobilisation et le quotidien des militants.
- C'est une vie collective du matin au soir, avec réunions puis après il y a des manifestations, réunions en petits groupes, réunions en assemblées, c'est ça quoi, mais c'est, c'est ce, ce sentiment de collectif, d'une vingtaine, trentaine de de personnes qui se voient pratiquement jour et nuit.
- La colère dans les universités est à l'origine de mai 1968, la plus importante grève générale du vingtième siècle en France, étudiants puis ouvriers et toute la société se mobilisent contre les institutions et le capitalisme, la France entière est paralysée, mais cinquante ans plus tard on ne milite plus de la même façon, Internet est passé par là, le cyber-militantisme, fini les barricades, la jeunesse hyper-connectée de 2018 milite à sa façon et les militants d'hier ont remarqué l'évolution des techniques comme ce couple qui a fait mai 1968.
- Avec les portables, avec Facebook, avec tous les moyens qu'ils ont actuellement ils peuvent réagir beaucoup plus rapidement peut-être qu'avant.
- Et sans que pour autant il faille réunir une assemblée générale dans, ou, ou plutôt organiser des réunions dans tel amphi, etc.
- Mais Stéphanie qui était mobilisée lorsqu'elle était étudiante dans les années 90 tempère, en fait Internet est un moyen supplémentaire car les jeunes continuent de descendre dans la rue, on l'a vu d'ailleurs dans les universités ce printemps 2018.
- En fait par rapport à nous ils ont plus de moyens, qui sont plus variés, il y a la rue toujours bien sûr, mais surtout il y a les nouvelles technologies qui s'ajoutent, ça donne, ça donne plus de poids et c'est plus rapide pour la mobilisation.
- Quant aux engagements, aux raisons de la mobilisation, ils ont eux aussi évolué, mais pas en bien selon Matthieu.
- Je pense que le militantisme aujourd'hui, c'est surtout un militantisme du buzz, c'est-à-dire qu'ils essayent de se réapproprier quelque chose qui était, qui avait plus de fond euh à l'époque de mai 1968.
- Alors qu'avant il y avait un vrai truc profond.
- Voilà, un vrai, un vrai malaise, un vrai malaise des étudiants, et c'est pour ça que tout le monde se sentait plus concerné.
- Une avancée tout de même, on voit des femmes aujourd'hui, parce qu'à l'époque ce n'était pas le cas se souvient cette ancienne étudiante de la Sorbonne.
- En tant que femme, jeune femme, il n'y avait absolument aucune place, ne serait-ce que dans les assemblées générales, dans les réunions, euh les hommes prenaient la parole et, et, et les femmes non, et ils la gardaient.
- En fait l'engagement des jeunes aujourd'hui serait plus ponctuel, plus variable, plus volatile, féminisme, écologie, politique, lutte contre les discriminations, c'est selon leur humeur ou leurs besoins.

## Page 23 – Activité 11

- Samedi 12 décembre, après douze jours et quasiment autant de nuits blanches, le président de la COP21, Laurent Fabius, est fier d'annoncer la bonne nouvelle devant les délégués venus de 195 pays à travers le monde, oublié l'échec de Copenhague il y a six ans, un accord universel a été trouvé à Paris.
- Je regarde la salle, je vois que la réaction est positive, je n'entends pas d'objections, l'accord de Paris pour le climat est accepté, alors on me rappelle que j'ai à taper avec le marteau, c'est un petit marteau, mais je pense qu'il peut faire de grandes choses.

- De Barack Obama à Vladimir Poutine, tous ont fait le déplacement, 147 chefs d'État et de gouvernement réunis à Paris, ça n'était jamais arrivé, le Président de la République, François Hollande, lyrique, estime que le monde vient d'écrire une nouvelle page de son histoire.
- Alors vous l'avez fait, vous l'avez fait et vous l'avez fait à Paris, vous avez été capables de dépasser vos intérêts légitimes pour trouver un accord, un accord universel, un accord contraignant.
- Mais derrière les discours encore des zones d'ombre, l'accord est très ambitieux, limiter la hausse du thermomètre à un degré et demi mais sans objectifs clairs à long terme concernant la réduction des émissions de gaz à effet de serre, Jean-François Julliard représente l'ONG *Greenpeace* en France.
- Ce texte continue de, de, de manquer d'ambition, parce qu'il dit certes qu'il faut rester sous la barre des deux degrés et viser même un degré et demi, mais sans se donner les moyens d'y parvenir, on aurait voulu que ce texte dise très clairement qu'il faut dès maintenant barrer la route aux énergies fossiles qui sont les responsables du dérèglement climatique, qu'il faut dès maintenant se tourner vers un monde fait de cent pour cent d'énergies renouvelables.
- Et pendant que les chefs d'État fêtaient l'accord trouvé au Bourget, Thomas Coutrot, porte-parole de l'ONG *Attac*, manifestait sous la tour Eiffel pour demander aux gouvernants d'aller encore plus loin.
- Déjà qu'on décrète un moratoire sur l'extraction de gaz de schiste, de, de pétrole non conventionnel, et qu'on s'attaque aux intérêts qui aujourd'hui bloquent la négociation d'un véritable accord, qui sont les intérêts des compagnies pétrolières et des pays producteurs de pétrole.
- Le point positif de l'accord, c'est l'équité, ce sont les pays développés qui doivent faire le plus d'efforts, solidarité avec les pays du Sud via un fonds d'aide de cent milliards de dollars, une aide qui pourrait encore augmenter après 2025, et puis chaque État doit se fixer un objectif de réduction des émissions de CO2, avec évaluation tous les cinq ans pour voir si les engagements sont tenus, l'attitude des États-Unis avec un Congrès dominé par les républicains très allergiques à l'écologie, c'est justement ce qui inquiète le climatologue Jean Jouzel.
- Ce qui a, qui est extrêmement dramatique, c'est quand même les, les huit ans de George Bush, hein le fait que les États-Unis qui était le premier pays émetteur dans les années 90 ou au début des années 2000 ne se soient pas réellement intéressés à la première phase du protocole d'accord de Kyoto.
- Alors il va falloir rester vigilants, un accord, c'est bien, mais il faudra voir dans la pratique explique Jon Palais de l'ONG *Alternatiba*.
- Ça a été difficile de mobiliser parce qu'il a fallu faire face à des interdictions, faut faire de 2016 l'année rythmée par des actions pour le climat comme on n'en a jamais vu.
- Pour entrer en vigueur l'accord de Paris doit désormais être ratifié par au moins 55 pays qui représentent au moins 55 % des émissions de gaz à effet de serre, le marathon diplomatique continue avec un nouveau rendez-vous à New York devant les Nations Unies le 22 avril prochain pour signer l'accord de Paris.

## Page 31 – Activité 10

- Bonjour, si je vous dis le mot « élu », qu'est-ce qui vous vient à l'esprit spontanément ?
- Ce qui me vient à l'esprit, dans le mot « élu », c'est la personnalité choisie par un groupe de personnes, dans le but d'une mission précise, et à l'heure actuelle un élu doit être vralment, en tout cas au maximum parfait, et représenter au mieux les personnes qui l'ont élu justement.
- Euh, l'élu, je pense, je pense à la religion, à celui qui est choisi, une personne ou, ou un peuple, euh ça me fait penser au, au Dalaï-lama, à la façon dont enfin, à la façon dont il est, il est identifié, enfant, et qui devient l'élu.
- Le maire, le député, le président lui-même hein, c'est que je vois ça comme un vote, voilà, on n'est pas un élu naturel, tout simplement.
- Présidentielles, Macron, nouvelle élection, nouveau président, législatives qui arrivent, un bon élu, c'est quelqu'un qui répond à ses engagements, qui a une bonne posture.
- Ah ben moi élu direct, c'est l'élu, l'élu de mon cœur, c'est l'homme que j'aime, c'est, non, je pense pas à la politique dans ces moments-là, c'est plus ouais, c'est l'élu, la personne que j'ai choisie, la personne avec qui je partage ben des bonheurs, des petits bonheurs, voilà, qui donne le sourire, c'est, c'est ça, l'élu avec un, un grand E, qui me donne le sourire, qui me fait du bien, voilà, c'est ça l'élu pour moi, rien d'autre.
- Élu, ça veut dire qu'on a choisi ce qu'on veut, et que c'est une décision générale, dans tous les cas être élu, ça veut dire que, même quand c'est pas un élu politique, quand c'est juste une personne, c'est forcément un choix que tout un groupe a décidé et qui montre que c'est celui qui, qui est le meilleur pour le groupe.

- Je sais pas, j'ai pensé ben forcément aux présidentielles, aussi, vu que je suis étudiante, aux, par exemple aux délégués de classe ou à, tout ça, aux, aux étudiants qu'on élit dans les associations, ce genre de choses.
- Politique, des, des hommes politiques élus démocratiquement par un peuple, *a priori*, euh, des représentants légitimes disons, députés, sénateurs.
- Si je vous dis le mot « élu », madame, qu'est-ce qui vous vient spontanément à l'esprit?
- Député, l'élu politique ouais.
- Un bon élu politique, c'est quoi?
- Disons, quelqu'un d'intègre, qui a des idées donc pour le peuple français et qui les assume et qui les, et qui les met en pratique, c'est pas simplement les dire mais les mettre en pratique.

## Page 39 – Activité 15

- Emmanuel Macron est le nouveau président de la République française, il succède à François Hollande après l'avoir largement emporté face à Marine Le Pen, la candidate d'extrême droite, et quelques heures après avoir gagné Emmanuel Macron fête sa victoire à côté de la pyramide du Louvre, il arrive sur l'air de *L'Hymne à la joie*, l'hymne européen, la foule se fige et le regarde traverser seul la cour du Louvre, la démarche est lente, derrière lui la pyramide, à sa droite la statue équestre de Louis XIV, face à l'Arc de Triomphe qui célèbre la victoire d'Austerlitz, le président est venu dire merci.
- Merci à vous, tout le monde nous disait que c'était impossible, mais ils ne connaissaient pas la France, je veux aussi ce soir avoir un mot pour les Français qui ont voté pour moi sans avoir nos idées, je sais qu'il ne s'agit pas là d'un blanc-seing, je serai fidèle à cet engagement pris, je protégerai la République.
- La voix est plus grave que d'habitude, la foule compacte a suivi la traversée de Paris depuis son quartier général de campagne dans le quinzième arrondissement, pas un bruit après trois heures d'attente, tout le monde écoute dans un silence presque religieux.
- Ce lieu dans lequel nous nous retrouvons dit cela, il est parcouru par notre histoire, de l'Ancien Régime à la Libération de Paris, de la Révolution française à l'audace de cette pyramide, c'est le lieu de tous les Français, de toutes les Françaises, ce lieu, c'est celui de la France que le monde regarde, car ce soir, c'est l'Europe, c'est le monde qui nous regardent.
- Le nouveau président de la République se projette dans l'avenir et les spectateurs sont émus.
- J'ai une petite fille qui est avec moi aujourd'hui, elle a 8 ans, je tenais à l'amener aujourd'hui ici parce que j'estime que c'est un grand moment, et elle dira dans plusieurs années qu'elle y était, à cette grande, à ce grand rassemblement, de joie, de bonheur, d'espoir, de lumière, de, d'intelligence, je suis rassuré, c'est, c'est la France, c'est les valeurs de la France qui s'expriment aujourd'hui, qui sont universelles.
- Ils entament *la Marseillaise* ensemble.
- « Aux armes citoyens, Formez vos bataillons, Marchons, Marchons, Qu'un sang impur, abreuve nos sillons ».
- Dans la foule surtout des jeunes, qui dansent et agitent les 20000 drapeaux tricolores, l'ambiance est festive et les personnes présentes ont envie d'y croire.
- J'ai espoir, c'est la première fois qu'on a un président si jeune, qui sort du sérail de la politique.
- Il a beaucoup de choses à faire, il y a beaucoup d'oubliés, dans les campagnes, dans les quartiers, ça a beaucoup divisé, je pense qu'il est important d'arriver à fédérer, d'arriver à apporter quelque chose qui justement englobe toutes les strates de la société française.
- Par exemple les gens des banlieues, etc., et qui sont là, ça fait plaisir à voir, de montrer ce visage-là.
- Jeunes, vieux, toutes les religions, toutes les origines, et c'est le message qu'on veut envoyer, parce que c'est la France qu'on aime, c'est celle qui nous plaît.
- L'ambiance est euphorique, mais les supporters d'Emmanuel Macron sont conscients que le plus dur commence, le chef de l'État a promis de réformer la France, il a cinq ans pour le faire.

## Page 45 – Activité 12

- L'aventure débute en 1987, cette année-là plusieurs pays européens décident d'ouvrir leurs universités et de verser des bourses pour inciter les jeunes à voyager dans ce nouvel espace commun, aujourd'hui déjà trois millions d'étudiants ont bénéficié de ce programme d'échanges organisé dans trente-quatre pays et baptisé *Erasmus*, du nom de ce philosophe néerlandais du XVe siècle, grand militant de la paix en Europe, Marine Moulin a 25 ans, elle vit à Paris, l'expérience lui a tellement plu qu'aujourd'hui elle dirige le club Erasmus de la capitale et ses 1160 adhérents, en 2012 elle a fait le grand saut, six mois en Espagne à Barcelone.

– L'arrivée, les premiers jours, c'est pas forcément les, les plus faciles, parce qu'il faut trouver un logement, régler les papiers, aller à l'université, s'assurer que son dossier a bien été reçu, tout ce qui est administratif, et puis à Barcelone tout se fait rapidement, au bout de trois jours j'avais un logement, mes cours, et donc du coup là j'ai pu commencer à profiter.
– Car au-delà des cours d'anthropologie à la fac pour son master il y a l'aventure humaine, encore plus vraie, encore plus forte que dans le film de Cédric Klapisch, *L'Auberge espagnole*.
– Je vivais dans un appartement qui correspond aux critères de *L'Auberge espagnole*, comme dans le film, avec un Grec, un Chypriote, un Espagnol du sud de l'Espagne, un Catalan, du coup on était au total huit dans un appartement, et du coup c'était très drôle à vivre au quotidien, on avait établi un système où une fois par semaine un qui amenait quelque chose de chez lui pour, voilà, faire découvrir aux autres, puis sur six mois on rentre pas forcément chez soi, donc ça devient une nouvelle famille.
– Des familles Erasmus, on en trouve aussi des dizaines à la Cité universitaire au sud de Paris, bienvenue chez Yana Todorova, elle vient de Sofia en Bulgarie, elle touche 500 euros de bourse par mois pour un doctorat sur l'histoire des musées à l'université Paris-Descartes, avec les colocataires, c'est la convivialité, l'amitié en langue française.
– Tous, on parle en français, on s'échange, on dit bonjour en notre langue, au revoir, merci, on se dit bon appétit, *dobeur apètit*, c'est pas complètement di…, différent.
– Et tous les jours Yana part explorer les musées de la capitale.
– C'est vrai qu'il y a cent cinquante musées à Paris, difficile de visiter tous les musées, mais je fais des petits résumés sur chaque musée que je visite, et ça me permettra, pourquoi pas, un jour, d'être guide touristique pour les Bulgares qui, qui viendront un jour à Paris.
– Son dernier coup de cœur, les statues de Rodin dans le musée de la rue de Varenne.
– J'étais impressionnée, par exemple, les sculptures de Victor Hugo qui est très très aimé en Bulgarie, qui a soutenu la, la position bulgare à la veille de la révolution de l'indépendance de libération de la Bulgarie.
– Pour Yana la Bulgare et pour Marine la Française, ce qui a changé avec Erasmus, c'est la conscience d'une autre identité, d'une autre citoyenneté.
– Oui, je, je suis européenne, pas forcément bulgare.
– On sent vraiment qu'il y a une base de culture qui est la même, un esprit européen, mais je l'ai remarqué après mon Erasmus, pas sur le moment même.
– Et toutes les enquêtes le montrent, les étudiants Erasmus trouvent plus facilement un emploi, l'autre succès, c'est la natalité, d'après la Commission européenne, en vingt-cinq ans, un million de bébés sont nés de couples qui se sont rencontrés et aimés grâce à Erasmus.

## Page 49 – Activité 13

**Laurent Correau**
Le français est une langue de plus en plus africaine. En Afrique, le français cohabite avec une multitude de langues locales.
**Charlotte Idrac**
Oui et cela pose des questions de fond. Par exemple, dans quelle langue a-t-on le plus de chances de séduire à Kinshasa, en République démocratique du Congo, premier pays francophone d'Afrique, où l'on parle une foule d'autres langues : lingala, swahili ou encore tshiluba ?
**Un homme, au Congo**
En français, tu as la facilité d'exprimer ta romance envers la fille, d'employer tous les mots que tu as étudiés à l'école et puis dans des romans. Tu as en fait la facilité de t'exprimer, à l'aise.
**Charlotte Idrac**
Le français peut être la langue de l'amour, elle peut être aussi détestée, perçue comme la langue du colon. Cette langue parfois utilisée pour faire des affaires. Tout dépend du contexte. Au Tchad, par exemple, où 13 % de la population est francophone.
**Un homme, au Tchad**
Ici, au niveau du restaurant, le plus souvent, on parle uniquement l'arabe. C'est une manière de se distraire, parce que c'est une langue maternelle, ça ne demande pas beaucoup d'effort. Mais dans le cadre du travail, c'est uniquement la langue française qu'on utilise.
**Charlotte Idrac**
Plusieurs langues qui se complètent, interagissent, comme en Côte d'Ivoire, qui a inventé son propre mélange entre français et argot : c'est le nouchi.

## Page 55 – Activité 12

- La France vit sous état d'urgence depuis les attentats du 13 novembre dernier, une mesure qui donne aux forces de police et à la justice des moyens d'investigation renforcés, mais peut-on durablement restreindre les libertés individuelles, *a fortiori* en France qui revendique sa réputation de pays des droits de l'homme, deux collégiennes, Elvira et Emma, posent leurs questions à Isabelle Bournier, la directrice de l'éducation et de la culture au Mémorial de Caen en Normandie, un lieu consacré à la mémoire du Débarquement allié de 1944, Emma, c'est toi qui commences.
- Qu'est-ce que c'est les droits de l'homme ?
- Eh bien les droits de l'homme, c'est l'ensemble des droits qui protègent la personne humaine, il y a des droits fondamentaux, par exemple le droit à la vie, ou à la liberté, ou à la dignité, dans la Déclaration de 1948 il est écrit que ces droits sont universels, ça signifie qu'ils doivent s'appliquer à tous les êtres humains sans distinction de couleur, de sexe, de langue, de religion ou d'opinion politique.
- Et qui a créé les droits de l'homme ?
- Ah c'est très très vieux les droits de l'homme, Emma, on trouve les, les premières traces dans l'Antiquité, 2000 ans avant Jésus-Christ il y a un roi de, à Babylone, qui a établi des règles, pour établir un petit peu plus de justice dans son peuple, et puis 1500 ans plus tard un autre roi, Cyrus le Grand, lui, il accorde aux Babyloniens la liberté de religion et interdit l'esclavage, c'est une grande première, mais quand même on considère que la grande avancée des droits de l'homme, ça se passe en Angleterre entre le treizième et surtout le dix-septième siècle avec les premiers grands textes qui serviront d'exemples ensuite au reste de l'Europe et à la France.
- Et la Déclaration des droits de l'homme et du citoyen donc c'est...
- 1789.
- Elvira.
- Pourquoi au début des droits de l'homme la femme n'avait pas de droits ni de libertés ?
- Eh bien parce que la femme n'était pas considérée comme l'égale de l'homme, elle était considérée comme un être inférieur, un petit peu comme les enfants, elle n'avait pas de droits civiques, pas de droits politiques, en fait on ne s'en occupait pas, elle restait à la maison, en France à partir de la Révolution, ça a commencé à changer, il y a une femme, qui s'appelle Olympe de Gouges, qui a même écrit une Déclaration pour les droits de la citoyenne, mais depuis la Révolution c'est très très long de conquérir les droits pour la femme.
- Emma.
- Est-ce que le droit des femmes a beaucoup évolué depuis justement la création des droits de l'homme ?
- Par petits pas.
- Oui, alors au début on, on n'en parlait pas du tout, et puis ensuite à la Révolution on a fait un premier pas, ça a été très très long, et en France il a fallu attendre, par exemple, 1944 pour que les femmes aient le droit de vote, alors qu'aux États-Unis elles avaient eu un peu plus de chance, elles l'avaient obtenu dès 1919 après la Première Guerre mondiale.
- Elvira.
- Pourquoi les enfants n'ont pas les mêmes droits que les adultes ?
- Eh bien la Déclaration des droits de l'homme, qui a été écrite en 1948, juste après la Seconde Guerre mondiale, elle concerne tout le monde, tous les hommes mais aussi les enfants, mais c'était pas assez, en 1959 on a voulu mieux protéger les enfants, l'ONU a proclamé la Déclaration des droits de l'enfant, et vingt ans après la Convention internationale des droits de l'enfant est adoptée, pour la première fois on reconnaît que l'enfant doit avoir un statut à part, on doit le protéger, il doit avoir un nom, une nationalité à sa naissance, il doit pouvoir aller à l'école et être protégé contre les mauvais traitements.
- Une dernière question, Elvira.
- Est-ce que les droits de l'homme vont être plus stricts à cause des attentats ?
- Eh bien c'est vrai que quand on repense aux attentats il paraît logique que les États mettent en place des mesures de sécurité pour protéger les populations, mais attention, ces mesures de sécurité ne doivent pas entraîner une limitation des libertés, on doit toujours avoir le droit et la possibilité de circuler, d'aller où on veut ou d'exprimer son opinion, ça, c'est très difficile de maintenir l'équilibre entre les deux.

## Page 61 – Activité 13

- *Aux grands hommes, la patrie reconnaissante*, c'est écrit en toutes lettres au-dessus des colonnes du Panthéon, véritable temple laïc depuis 1791, sur les marches, le chœur de l'armée interprète *la Complainte du partisan*, car en ce mercredi 27 mai, c'est la Résistance qu'on célèbre, après Jean Moulin en 1964, le président François Hollande a choisi deux hommes et deux femmes, leur point commun, la résistance à l'Occupation et au nazisme.

- Pierre Brossolette, Geneviève de Gaulle-Anthonioz, Germaine Tillion, Jean Zay, prenez place, ici, c'est la vôtre.
- Pierre Brossolette, le journaliste torturé par la Gestapo, Jean Zay, le ministre du Front populaire, assassiné par la Milice, Germaine Tillion, l'ethnologue, et Geneviève de Gaulle-Anthonioz, la fondatrice d'ATD Quart Monde, toutes deux déportées au camp de Ravensbrück, quatre parcours de résistants que retrace l'historien Vincent Duclert.
- Ces quatre panthéonisés subissent l'extrême hein, l'assassinat, le suicide, la survie dans un, dans un camp de la mort, ces messages sur l'engagement, sur la résistance, sur la volonté, peuvent servir à, au temps présent.
- Et les leçons que François Hollande tire pour le temps présent, c'est qu'il ne faut jamais que l'histoire se répète.
- Soixante-dix ans après ces haines reviennent, dans d'autres circonstances, mais toujours avec les mêmes mots et les mêmes intentions.
- Alors si le Panthéon accueille ces quatre cercueils, ce n'est pas pour un enterrement, mais pour que vive l'esprit de résistance.
- L'indifférence, voilà l'ennemi contemporain, l'indifférence face au fanatisme, au racisme, à l'antisémitisme, indifférence face aux injustices, face à l'indifférence, chaque génération a un devoir de vigilance, de résistance.
- Dans la foule massée le long de la rue Soufflot, Ludivine, 17 ans, lycéenne, a du mal à retenir ses larmes.
- Je trouve ça magnifique, mais c'est vraiment émouvant de leur rendre hommage et face à eux, on se dit que franchement on n'a pas fait grand-chose.
- Le discours vient de s'achever, les cercueils sont portés à l'intérieur, bientôt ils rejoindront leurs caveaux dans la crypte au milieu des soixante et onze autres panthéonisés depuis la Révolution, Dumas, Rousseau, Zola, Voltaire, Pierre et Marie Curie, mais avant cela, moment de recueillement dans la nef en présence des familles, Claude-Pierre Brossolette est le fils de Pierre Brossolette.
- Finalement, ben tout a été arrangé et, et maintenant les plus grands résistants et ceux qui ont apporté le plus aux réseaux, à la communication avec les Anglo-Saxons et de Gaulle, maintenant ils sont tous récompensés, et tous reconnus pour leur, pour leur valeur.
- Quatre héros de la Résistance, mais qui ne cherchaient pas la gloire, au contraire, insiste François-Marie Anthonioz, le fils de Geneviève de Gaulle-Anthonioz.
- Non, non, elle aurait dit que c'était une usurpation, que c'était une imposture, elle voulait pas du tout devenir célèbre, c'est tout sauf ça.
- Les lourdes portes du Panthéon se referment pour longtemps car ces cérémonies sont rares, une seule en moyenne tous les cinq ans.

## Page 67 – Activité 12

- Le 7 novembre dernier à 16 h 34 précises à Paris entre deux cents et trois cents personnes se sont rassemblées place de la République, dans la foule, des femmes essentiellement, quelques hommes également, l'initiative, inédite en France, s'inspire d'une action islandaise qui a conduit plusieurs milliers de femmes à manifester en octobre dernier, les mouvements féministes ont invité à, à cesser le travail pour réclamer des salaires égaux et dans la foule les Parisiennes sont déterminées.
- Moi, je devrais avoir ma retraite bientôt, et j'ai une estimation qui me dit, ben t'es pas près de partir à la retraite, contrairement à des collègues hommes, quoi, juste parce que c'est un sexe différent.
- Ben c'est pas logique, il y a une enveloppe, donc que j'appellerais le gâteau, et nous, les femmes, on a toujours les plus petites parts.
- Pour demander de, de l'augmentation mes arguments doivent être beaucoup plus solides qu'un homme.
- Je fais autant d'heures qu'eux, je suis, c'est vrai que les hommes, ils ont plus de salaire que nous, quoi.
- En tant qu'infirmière éventuellement des fois il y a des inégalités hommes/femmes, j'ai déjà vu concrètement, une bonne centaine d'euros au moins.
- À Bordeaux, à Toulouse ou encore à Lyon les mêmes manifestations, à Marseille ce sont les femmes de chambre qui se sont arrêtées de travailler, elles protestent contre le temps partiel, les différences salariales et les pauses déjeuner qui n'existent pas dans leur hôtel.

- On n'a pas de respect là-bas, c'est comme quand on est des esclaves, des, des machines qui lavent que les chambres c'est tout.
- Nous, on veut un temps plein ou bien si on reste dans le temps partiel, on veut qu'on doit faire une pause, on doit manger, parce que nous, on vient là de 8 heures et demi jusqu'à 16 h, 17 h, on veut que ça change.
- Sur les pancartes beaucoup de slogans, on peut lire notamment, 7 novembre début de la saison des bonnes poires, les bonnes poires travaillent pour des prunes, ou encore, les femmes premières productrices de richesses au monde, Marc, un homme justement, est venu les soutenir.
- Cette inégalité-là est aberrante, même les hommes les moins concernés ne, ne peuvent pas être indifférents en fait.
- En France ce mouvement a été lancé par le collectif *Les Glorieuses*, le calcul du collectif est simple, à partir du 7 novembre à 16h34, les femmes travaillent bénévolement jusqu'à la fin de l'année puisqu'elles sont moins payées que les hommes, Rebecca Amsellem est la fondatrice du collectif *Les Glorieuses.*
- Je pense qu'il est important de créer une date symbolique pour montrer qu'il existe encore en France, une des plus grandes puissances économiques mondiales, une inégalité de salaire entre les femmes et les hommes, il y a plusieurs raisons qui ont été évoquées, la première, c'est qu'elles ont tendance à choisir des filières qui sont moins valorisées économiquement, elles ont tendance à moins négocier leur salaire, notamment leur premier salaire à l'embauche, et la troisième raison, ce serait que les femmes ont le, le syndrome de la bonne élève, à savoir que quand elles sont dans un emploi, elles vont vouloir faire le travail le mieux possible et pas forcément avoir des stratégies pour une promotion ou acquérir une augmentation.
- Marie est chef d'entreprise, elle fait passer des entretiens, et pour elle une des raisons qui pourraient expliquer les différences salariales entre hommes et femmes, c'est le manque de confiance.
- Le seul qui a fait la démarche pour m'expliquer pourquoi il était au-dessus des autres, c'était un garçon, oui, il m'a dit, je vais t'expliquer pourquoi je suis très performant, moi, ce que j'ai vu, c'est que les moteurs étaient pas les mêmes, souvent les femmes, elles étaient plus motivées par la reconnaissance que par le salaire.
- Selon les différentes études européennes et françaises les femmes gagnent mensuellement 19 % de moins que les hommes, la ministre du Droit des femmes, Laurence Rossignol, rappelle que cent sept entreprises ont été sanctionnées depuis 2013 pour ne pas avoir respecté l'égalité salariale et la ministre soutient cette initiative.
- Je soutiens pour ma part cette initiative, même si de la part d'une ministre c'est un peu compliqué et incongru de soutenir une manifestation qui pourrait prendre la forme d'un appel à la grève, mais voilà plus de trente ans que la loi sur l'égalité professionnelle a été adoptée, plus de trente ans que les femmes attendent patiemment que la loi s'applique dans toute sa dimension et aujourd'hui les femmes sont à la fois fatiguées d'attendre, impatientes de voir leurs droits reconnus et indignées de la résistance qui se manifeste encore, et moi, je soutiens à la fois l'indignation et l'impatience des femmes.
- Et si aucune action concrète n'est menée l'égalité salariale pourrait devenir une réalité mondiale seulement dans 170 ans, c'est-à-dire en 2186.

## Page 103 – Activité 11

- Les Français les plus modestes, leur travail, leur protection sociale, ont été au cœur de la campagne électorale présidentielle qui s'est achevée début mai, et qui s'est soldée par l'élection d'Emmanuel Macron, le plus jeune président de l'histoire de la République, il a 39 ans, en France, les salaires ne sont pas plafonnés, mais ils ont un plancher, un seuil en dessous duquel une entreprise n'a pas le droit de payer un salarié, c'est le SMIC, le salaire minimum, 9,76 euros bruts de l'heure, ce qui représente un peu moins de 1 500 euros bruts par mois, 1 153 euros nets pour un travail à temps plein, combien et quels Français sont payés au SMIC ? est-ce qu'il existe un SMIC dans tous les pays ? Dorian, Julian, Thomas et Clément sont allés poser ces questions, et quelques autres, à Bernard Vivier, le directeur de l'Institut supérieur du travail, à toi Clément.
- Est-ce que c'est obligatoire, le SMIC ?
- Non, ce n'est pas obligatoire dans la mesure où les entreprises payent beaucoup plus en général les salariés qu'au SMIC, par contre une entreprise n'a pas le droit d'embaucher quelqu'un en dessous de ce salaire minimum, et alors le SMIC se calcule ou à l'heure ou au mois également, 11 % des salariés touchent le SMIC, ça représente à peu près 1 million 700 mille personnes, donc c'est très important, ça concerne beaucoup de monde.
- Et les emplois essentiellement les moins qualifiés ?
- Et forcément les emplois les moins qualifiés.
- Pourquoi existe-t-il, le SMIC ?

- Ah le SMIC a une grande utilité, d'abord il protège les salariés, il assure un minimum de revenus, et puis également il protège aussi les entreprises, parce qu'il empêche la mauvaise concurrence des entreprises qui emploieraient des salariés à un tarif trop bas, et donc celles qui veulent payer correctement les salariés seraient défavorisées.
- Thomas.
- Est-ce qu'il y a un type de travail qui ne reçoit pas le SMIC ?
- Oui, quelques personnes ne, ne sont pas assujetties au SMIC, ce sont des personnes qui sont stagiaires, des étudiants qui sont stagiaires, ou des apprentis ou, ou des salariés qui travaillent moins de 35 heures, mais globalement le SMIC s'applique à la majeure partie, à la quasi-totalité des salariés.
- Dorian.
- Est-ce que les habitants qui reçoivent le SMIC peuvent se débrouiller seuls ?
- C'est le but en tout cas.
- Alors c'est le but, c'est la grande utilité du SMIC qui a été créé en 1950 dans notre pays puis ensuite en 1970, ça s'appelait le SMIG avant, le but c'est de dire, on va calculer combien une personne qui est ouvrier ou employé, essentiellement en région parisienne, là où la vie est, est assez chère a besoin pour vivre, de façon très modeste hein, on fait pas des grands écarts, on va pas souvent au cinéma ou au théâtre, mais c'est le minimum pour vivre, et effectivement le SMIC est calculé pour cela, c'est pour ça que régulièrement on cherche à, à le revaloriser, c'est-à-dire à l'augmenter.
- Julian.
- Est-ce que le président et les ministres peuvent recevoir le SMIC ?
- Julian, tu es facétieux, non, le président de la République, le Premier ministre gagnent largement plus que le SMIC, donc ils ne touchent pas le SMIC.

## Page 107 – Activité 12

- Le télétravail est-il une nouvelle liberté pour le salarié, la loi a changé, elle permet aujourd'hui à n'importe quel employé de travailler de chez lui s'il le souhaite et surtout si l'emploi le permet, les avantages sont nombreux, gain de temps, moins de transports pour le salarié, plus d'efficacité et des locaux parfois moins grands et coûteux à entretenir pour l'employeur, selon une étude Harris publiée en, en mars 2018, 51 % des salariés français aimeraient disposer de la liberté de travailler chez eux au moins de temps en temps, en France aujourd'hui on estime entre 8 et 16 % le nombre de personnes qui télétravaillent, c'est en dessous de la moyenne européenne et pourtant il suffit de sortir dans la rue pour trouver des salariés heureux de télétravailler.
- Soit je passe quatre heures dans le RER, soit je passe cinq heures dans ma voiture, autant travailler chez soi hein, et puis maintenant avec les nouvelles technologies on a quand même ce luxe-là.
- Mon employeur me permet de m'organiser à domicile en télétravail, donc je saute sur l'occasion pour rester chez moi et éviter tous les problèmes, j'ai des enfants, donc il y a, il y a des instits qui font aussi grève, donc ben ça me permet d'être à domicile pour pouvoir aller les chercher plus rapidement pour éviter les garderies, on sait même pas si les garderies seront ouvertes ou pas.
- Jacqueline est secrétaire médicale à Roubaix dans le nord de la France, elle gère une centaine d'appels par jour pour des médecins depuis son domicile.
- Là je travaille en fait sur une pièce qui a été donc aménagée spécialement donc chez moi et qui est actuellement donc mon bureau, et les, les ordinateurs à disposition, le cabinet ouvre à 8 heures jusqu'à 18 heures, donc je dois être en poste à ces heures-là spécialement, les matins j'ai pas à prendre ma voiture pour me rendre à mon travail, donc ça les bouchons tout ça, moi, je connais pas, mon compagnon ne comprenait pas donc toujours qu'il ne pouvait pas me déranger, plusieurs fois j'ai dû donc le recadrer en disant, ben écoute, ici c'est mon bureau.
- Sandra, elle, est consultante en communication dans la région parisienne et le télétravail lui a changé la vie.
- Je travaillais auparavant dans des grands groupes de communication et je comptais pas mes heures, avec des jumeaux là je me suis dit, il est temps quand même de, de changer quelque chose et de ralentir un peu ce rythme, je rentre, il est 23 heures, minuit, je vois pas les petits, je peux plus dîner avec les copains, mon mari, on, on se croise, il se lève super tôt, il y a un moment donné où c'est important de remettre du sens, et moi j'ai eu ce déclic, je fais pas moins d'heures, je les fais différemment et je choisis, je suis maître de mon bateau, moi je peux être une maman à la sortie de l'école avec mon pain au chocolat à 15 heures 45, mais je suis aussi une professionnelle très efficace.

- Alors aujourd'hui le Code du travail n'impose plus un nombre d'heures précises, la liberté pour le télétravailleur est très grande, pour des millions de salariés, c'est un travail ponctuel et donc une nouvelle opportunité, et c'est bien pratique pendant les épisodes de neige, les intempéries en tout genre ou même quand il y a des grèves dans les transports, Guillaume par exemple est salarié au Conseil régional.
- Totalement content d'être au chaud ici et puis quelque part là où finalement je serais peut-être arrivé très tard le matin et je serais parti beaucoup plus tôt dans l'après-midi pour anticiper les problèmes de transport, ben en fait moi j'ai une vraie journée de travail sauf qu'effectivement moi, j'étais à Châtillon, la collègue était à Villepinte, et par rapport à une journée de neige il y a quelques années où en fait c'était une journée qui était quasiment pas travaillée, ben là en fait on a tous pu faire notre travail quasiment comme s'il avait pas neigé.
- Mais le télétravail, c'est aussi moins de contacts avec les autres, plus de relations au travail, Joachim n'est pas très heureux quand il doit rester chez lui.
- Non, c'est pas forcément plus cool hein le télétravail, il y a un côté un peu déshumanisant, donc on est toute la journée tout seul, on est calé devant son poste de travail, là on sort pas du tout, il y a pas de pause à midi pour parler avec quelqu'un.
- Enfin la sécurité reste l'une des principales peurs des employeurs encore réticents, avec la nouvelle loi c'est simple, tout accident survenu sur le lieu de travail est désormais considéré comme un accident de travail, pour les télétravailleurs réguliers il est quand même préférable de contacter son assurance avant.

## Page 111 – Activité 13

- Bonjour, si je vous dis le mot « luxe », qu'est-ce qui vous vient spontanément à l'esprit?
- Le mot « classe », quelque chose qui, qui est pas abordable pour tous, Hermès, Louis Vuitton, mais aussi les grosses voitures, tout ce qui est Rolls-Royce, par exemple, c'est inabordable je dirais pour ceux qui ont pas non plus les moyens de, de se payer une grosse montre à trois mille euros, par exemple, moi je, je ne pourrais pas.
- Ça peut être le parfum, espace.
- Et à quoi vous pensez, qu'est-ce que vous imaginez quand vous parlez d'espace?
- Avoir une grande terrasse, j'imagine une vue sur Paris avec une grande terrasse.
- Le luxe pour vous, qu'est-ce que c'est?
- Le temps, le temps qu'on a, le temps qu'on prend, le temps qu'il fait, voilà, avoir du temps, pour moi, c'est le luxe.
- Parce que vous en manquez?
- Voilà, exactement, pour lire pour soi, pour partager des moments avec les gens, pour rien faire, pour méditer, pour regarder la nature.
- France, Italie, les fleurons de l'industrie du luxe, un savoir-faire avec des matériaux assez rares et très bien travaillés, et pendant des heures de, de travail d'artisan, enfin c'est quelque chose d'assez rare, et agréable, plaisant, et qui vaut le coup après, qui est malheureusement peut-être pour une élite, mon beau-père, il m'a offert une belle montre quand j'ai épousé sa fille.
- Le luxe, pour vous, qu'est-ce que c'est?
- LVMH, le luxe en fait, c'est un ensemble de marques de prestige qui ont un certain symbole, c'est pour se démarquer des produits standards habituels, donc ça s'adresse en général à une certaine population, plutôt riche, un produit de luxe en général, il faut que ça soit cher, sinon c'est pas un produit de luxe.
- Ça m'évoque l'idée de se distinguer des autres, de se distinguer de la masse, de pas faire comme tout le monde, il y a aussi l'idée un peu de matérialité forcément, parce qu'on parle de choses assez inaccessibles, euh, de biens que tout le monde ne peut pas s'offrir, donc d'une certaine façon on est quelque part un peu au-dessus, un peu privilégié, ça peut être bien sûr des produits, ça peut être du loisir, ça peut être même le temps, le commun des mortels n'a pas forcément le temps que d'autres peuvent s'accorder, donc voilà.

## Page 117 – Activité 13

- C'est aujourd'hui une évidence pour les 850000 agriculteurs en France, les nouvelles technologies se développent de plus en plus dans le secteur, robots, logiciels, capteurs, un véritable arsenal technologique équipe désormais nos fermiers, François Fournier peut en témoigner, il est éleveur de porcs en Bretagne.

– J'utilise un, des drones pour mesurer quelle quantité j'ai besoin d'engrais pour mettre sur le blé, voilà après d'autres exemples, c'est que je donne à manger à, aux truies notamment avec une tablette, je peux déclencher de ma tablette l'alimentation pour toutes les truies, ou pour une partie, je peux aussi donner à celle qui a un besoin de manger plus, je peux lui donner 10 % de plus, celle qui est un peu plus, qui a plus de réserves je peux lui mettre 10 % de moins, en direct, voilà, donc aujourd'hui on est vraiment grâce aux nouvelles technologies sur de l'agriculture de précision et de l'élevage de précision.
– Ces nouvelles technologies modifient les habitudes et le travail des agriculteurs, 70 % d'entre eux sont connectés, Jocelyn Jacques, agriculteur retraité, il a commencé en 1963, a vu les choses se transformer radicalement.
– On n'aurait même pas pu imaginer ça à, à, à l'époque, hein parce que maintenant quand on voit un GPS sur un tracteur qui se commande tout seul, on nous aurait dit ça il y a 25 ans, on aurait eu du mal à le croire quoi, nous, à l'époque on produisait, puis c'était tout quoi.
– Eh oui, agriculteur rime aujourd'hui avec ordinateur, Céline l'utilise pour ses chèvres.
– Dès qu'il y a des naissances, dès qu'il y a des, des entrées ou des sorties d'animaux de l'élevage on rentre ça dans un logiciel, et ça part directement à la Chambre d'agriculture et aux instances supérieures.
– Les instances supérieures, c'est-à-dire les autorités, car les agriculteurs doivent également faire face à de plus en plus de travail administratif, au grand regret de cet éleveur de vaches des Hautes-Pyrénées.
– Tout change maintenant, y a pour le matériel on doit être plus à la pointe parce qu'on a du matériel plus de pointe, et après on est gestionnaire, on est vendeur, on est acheteur, on est, on est tout à la fois quoi, avant c'était plus simple, on avait moins de comptabilité, on avait moins de, moins de tout à faire, c'était quand même plus simple avant.
– Sans parler des exigences des consommateurs.
– C'est le consommateur, il nous en demande de plus en plus et nous, on doit lui répondre tout le temps sur tout quoi, d'où vient l'alimentation de nos animaux, que font nos animaux au quotidien, on doit plus communiquer sur notre métier.
– C'est un ancien qui résume la situation, André, éleveur de moutons, la différence entre le présent et le passé.
– On est grand, solide, fort et puis courageux, on pouvait être agriculteur, mais alors maintenant il faut être très intelligent, avoir fait des études, parce qu'il y a tellement de choses à connaître pour être toujours avec le progrès que vous êtes obligé d'avoir un, un ordinateur dans la tête.
– Et ce n'est pas près de s'arrêter puisque le ministère de l'Agriculture écrit dans un rapport que l'un des objectifs pour 2025 est de développer les technologies dans le secteur.

## Page 167 – Activité 10

– De la poésie, des fleurs sauvages et du rôle des nénuphars dans la vie ou la mort, le cœur de Boris Vian s'est arrêté il y a très exactement 60 ans. Mais la légende de Saint-Germain-des-Prés reste vivace et ses romans *L'écume des jours* ou *L'arrache-cœur* en assurent la postérité. Pour relire Vian, revivre cette période de l'après-guerre, rien de mieux en tous cas qu'une biographie et c'est ce que nous allons faire avec Valère-Marie Marchand. Bonjour.
– Bonjour.
– Vous avez donc consacré une biographie – à peu près 400 pages – à Boris Vian. On peut dire que le personnage est séduisant.
– Oui, il a une grande séduction mais il peut être aussi très déstabilisant, Vian. C'est quelqu'un qui est à la fois dans la séduction, dans la transversalité, dans l'interrogation et dans… c'est très particulier, Vian. Je dirai que c'était un créateur de cocktails et qu'il a créé le cocktail de sa propre vie. Alors, je ne sais pas quels sont les ingrédients. Moi-même, j'ai travaillé sur sa vie mais il y a quelque chose : c'est comme un OVNI… enfin, il y a… c'est un peu l'homme du troisième type. Il est, il est insaisissable tout en étant dans l'essentiel.
– « Il avait des rayons X dans les yeux. », dit Juliette Gréco à son propos. Ça devait être quelque chose quand-même de le croiser !
– C'était quelque chose de le croiser. J'ai… pour ça que… Vian, c'était quelqu'un… d'abord, c'était une oreille. Il avait l'oreille absolue. C'est pour ça que j'ai tenu – pour écrire cette biographie – d'être à l'écoute de toutes les voix – nous sommes ici à la radio – et j'ai tenu à recueillir toutes les voix qui ont fait la voie de Boris Vian : V-O-I-X, V-O-I-E. Et Juliette Gréco, quand j'ai recueilli son témoignage, c'était un témoignage d'abord impeccable, c'est un magnifique témoignage presque écrit. Et Vian avait cette capacité de vous

faire naître. Il y a des êtres comme ça que vous croisez et vous ne savez pas pourquoi – alors soit ils ont des rayons X dans les yeux, soit ils n'en ont pas – mais ils vous font naître ; ils vous font être ce que vous êtes et vous vous en souvenez, longtemps.

- Si on parle de Gréco, c'est que bien évidemment Boris Vian vit, fait partie de cette légende de Saint-Germain-des-Prés dans les années d'après-guerre, années où s'est forgée la légende de Saint-Germain. Et il n'en est peut-être pas le créateur mais il est un des piliers de cette légende. Il joue du jazz dans les caves, il fréquente les cafés, il séduit les jeunes femmes. L'une d'elles l'appelle – en jouant sur les mots – « le beau risque vivant » ; je trouve ça formidable ! Boris Vian, « le beau risque vivant ». Il est au cœur du... au cœur du chaudron – j'ai envie de dire – au cœur de cette créativité des années 45/50.
- Oui, il a eu 20 ans en 1940. Il est plutôt un enfant de Montmartre finalement. Enfin, il n'est pas un enfant de Montmartre, de Ville d'Avray. Il loge donc rue du Faubourg Poissonnière. Et puis, c'est Saint-Germain-des-Prés : le *Tabou*, la découverte du *Tabou* avec Juliette Gréco qui avait mis son manteau comme ça... le manteau est tombé dans cette fameuse cave du *Tabou*. Tout ça se fait dans une atmosphère très bon enfant. Vian découvrira par exemple Pierre Grimblat qui faisait un peu la manche. Il lui dit : « Ben, tu sais pas chez qui loger ce soir. Ben, viens chez moi, rue du Faubourg Poissonnière. » Donc, c'est à la fois Saint-Germain-des-Prés... je dirais que c'est un « certain » Paris et c'est une jeunesse d'après-guerre, après parce que, bon, il faut... c'est un bonheur de vivre et d'écouter et de laisser, de capter l'instant.

## Page 181 – Activité 9

- Patrick Modiano est né le 30 juillet 1945 à Boulogne-Billancourt, son enfance est marquée par les fugues, par l'abandon familial, puis en 1957 il trouve le chemin de l'écriture, date qui coïncide avec la mort de son petit frère Rudy emporté par une maladie, c'est d'ailleurs à lui que le prix Nobel 2014 dédie ses premières œuvres, Patrick Modiano publie son premier roman, *La Place de l'Étoile*, en 1968, près de cinquante ans plus tard il est le quinzième Français à recevoir ce prix prestigieux.
- Le prix Nobel de littérature pour l'année 2014 est attribué à l'écrivain français Patrick Modiano.
- La clé des livres de Modiano est à chercher dans son histoire chaotique, son père, juif italien, trafique avec la pègre, fricote avec la Gestapo, très vite Patrick Modiano est délaissé par ses parents, il décide de ne plus revoir son père à l'âge de 17 ans, et c'est aussi de son enfance qu'il tient ce goût pour les énigmes que l'on retrouve dans tous ses livres.
- Il y a une sorte de moteur qui me fait écrire, c'est d'essayer de retrouver des traces de choses énigmatiques pour essayer de les élucider, ça remonte peut-être à mon enfance où je me trouvais toujours trimballé dans des endroits différents, parce que je ne vivais pas chez mes parents, on me confiait toujours à des personnes différentes, avec le temps je me suis posé des questions, j'essaie de retrouver des explications, pourquoi j'étais dans tel endroit, et ça m'a peut-être donné un pli de cette espèce de recherche toujours de résoudre des énigmes.
- Son éditeur, Antoine Gallimard, salue une œuvre délicate et limpide.
- Vous savez, on a toujours des idées un petit peu fausses, on s'imagine que les Nobel veulent trouver des écrivains qui brassent les événements, les époques, les univers, avec des personnages hauts en couleur, et ils ont décidé de choisir une, une, une œuvre qui est plus dans la mémoire, dans l'intimité, dans la discrétion, on est extrêmement heureux.
- Et ce prix Nobel n'est que justice d'après Christophe Ono-dit-Biot, il est le directeur adjoint de la rédaction du magazine *Le Point*.
- C'est un écrivain certes, mais c'est un artiste, c'est un artiste du flou, Modiano, c'est une langue, c'est un style et c'est une obsession, l'obsession de la mémoire, souvent cette mémoire nous amène à l'Occupation, pourquoi l'Occupation, Modiano, il dit que c'est une affaire de génération, Modiano, il dit qu'écrire un livre, c'est comme lancer un appel de phares, c'est juste ça et c'est tout ça, il a inventé une chose, c'est le brouillard scintillant, Modiano, on est très heureux aujourd'hui qu'il ait le Nobel de littérature.
- Enthousiasme partagé par l'écrivain Guy Walter.
- C'est une littérature qui compte, dans la grande tradition française d'élégance, de classicisme, de pudeur, c'est un art allusif, léger pour des sujets très graves, avec beaucoup de profondeur, et donc évidemment on ne peut qu'avoir du respect, voire de l'admiration pour son œuvre, on peut que se féliciter qu'un écrivain français ait le prix Nobel et sur une œuvre qui est lue par beaucoup, c'est aussi une vertu certainement qu'un livre de haute tenue puisse être lu par beaucoup, et c'est quand même assez réconfortant.
- L'effet Nobel a déjà commencé, 100 000 exemplaires du nouveau roman de Patrick Modiano ont déjà été réimprimés, ouvrage tiré initialement à 60 000 exemplaires.

## Page 195 – Activité 13

- Pour se rendre sur l'île de Gorée il faut prendre le bateau pendant une vingtaine de minutes, l'île est avant tout un lieu de mémoire, un lieu chargé d'histoire tragique, le navigateur portugais Dinis Dias est le premier à la découvrir, la traite des esclaves perdure pendant près de trois siècles, Gorée est un lieu-clé dans cette traite négrière, Victor est notre guide, et à peine le pied posé sur l'île il nous explique que cet endroit n'est vraiment pas comme les autres.
- Elle est toute petite par sa dimension mais très grande par son histoire, l'île de Gorée ne fait que 300 mètres de large sur 900 mètres de long, actuellement, vous voyez, on n'est que 1 500 habitants qui vivent en permanence, déjà 1 000 musulmans et 500 chrétiens, déjà depuis 1978 île de Gorée fait partie du Patrimoine mondial.
- Une île qui à l'époque était le centre de tout.
- Géographiquement parlant île de Gorée à l'époque, c'était le centre de transit de toute l'Afrique de l'Ouest.
- Les premiers occupants sont des pêcheurs, l'île va ensuite connaître un développement économique très rapide grâce au commerce notamment. Personne ne peut quitter l'île sans être passé par la Maison des Esclaves, environ 500 esclaves étaient déportés chaque année entre le XVIII^e^ et le XIX^e^ siècle, et même si le rôle réel de cette petite maison rose a été remis en cause par certains historiens, elle reste un lieu de passage incontournable, même pour les grandes visites officielles, Bill Clinton ou Yasser Arafat l'ont visitée, le pape Jean-Paul II aussi, et ce jour-là Victor, notre guide, était présent.
- Quand on a eu même le privilège de recevoir ici en visite officielle le pape Jean-Paul II, il était là le 22 février 1992, c'est dans la Maison des Esclaves de Gorée que le pape avait déjà demandé le pardon du Ciel, le pourquoi, mes frères, il faut qu'on sache qu'à l'époque beaucoup de nos missionnaires catholiques étaient impliqués dans la traite négrière, on a accepté de dire oui pour le pardon au pape mais non pour l'oubli aussi, parce que 400 ans déjà de souffrances et d'humiliations, c'est un peu trop aussi.
- Et c'est lorsqu'on pénètre dans cette Maison des Esclaves aux murs roses que l'on découvre des petites cellules qui donnent sur la mer.
- Il y avait cinq cellules comme ça, déjà ce sont des cellules de deux mètres soixante sur deux mètres soixante, c'était pour quinze à vingt personnes, assis toutes le long du mur le dos contre, des chaînes au cou, aux bras et aux chevilles, et on les libérait des chaînes une fois seulement par journée pour satisfaire leurs besoins, ici les enfants innocents, torse nu, serrés comme une boîte à sardines jusqu'au fond, et ces enfants-là ne voyaient jamais leur maman, c'est pour cela le taux de mortalité dans cette petite pièce était très très élevé, 25 à 30 %.
- Partout à Gorée des monuments sont érigés pour se souvenir de la traite des esclaves.
- Voilà, là on est devant le Mémorial de Gorée, le monument de l'Unesco, ça a été financé par Bill Clinton, les gens, ils disent que toutes fois qu'on voit bien ce monument, il a des formes d'un bateau voilier parce que ces esclaves, ils partaient avec des bateaux voiliers.
- Désormais Gorée est célèbre pour son brassage ethnique et culturel, pour sa tolérance religieuse aussi, les habitants, eux, vivent aujourd'hui essentiellement des revenus du tourisme.

## Page 203 – Activité 12

- Claire Bretécher, c'est d'abord une pionnière : la première dessinatrice de presse à s'imposer au début des années 70 dans un univers graphique uniquement composé d'hommes. Proche de Gotlib, amie plus tard de Wolinski, Bretécher affine son style dans le magazine *Pilote* et définit très vite les contours d'un univers qui sera reconnaissable au premier coup d'œil comme l'explique l'une des commissaires de l'exposition, Isabelle Bastian-Dupleix.
- D'abord, c'est une grande artiste, une grande dessinatrice. Et elle commence à s'affirmer justement dans *Pilote* où elle dessine les *Salades de saison* qui sont une préfiguration des *Frustrés* qu'elle va ensuite dessiner dans *Le Nouvel Observateur* en 1973. Elle est drôle, elle est talentueuse. Elle travaille beaucoup, elle est très exigeante. Elle a aussi une spécificité, c'est qu'elle s'intéresse aux rapports humains et aux relations sociales et qu'elle a une sorte d'œil vraiment aiguisé. Elle sent, elle retranscrit l'air du temps et la permanence aussi en même temps des relations humaines.
- Observatrice, caustique, à la fois féministe mais féroce envers les extrémistes, Claire Bretécher croque entre les années 1980 et 2000 une société française en pleine mutation : divorces, monoparentalité, familles recomposées, homosexualité acceptée, rien n'échappe au coup de crayon réaliste de la dessinatrice. Elle est même la première à s'intéresser à l'adolescence avec un personnage devenu une référence : Agrippine.
- Voilà, c'est une adolescente assez insupportable dont la principale motivation est de voir ses copains et puis

de soutirer de l'argent de poche à son père qu'elle adore mais elle est toujours en conflit avec sa mère, sa famille. Elle a beaucoup représenté Agrippine dans sa chambre en désordre, ne travaillant pas, tout le temps collée [au téléphone] ou attendant des coups de fil. Elle est insupportable mais en même temps, elle est aussi capable de grandes affections notamment pour Zonzon, son arrière-grand-mère. Donc, oui, elle a contribué à la reconnaissance de la spécificité de cette période de la vie.

## Page 231 – Activité 12

– Si je vous dis « Jacques Prévert », qu'est-ce qui vous vient à l'esprit spontanément, à quoi est-ce que vous pensez ?
– Un poète, puis un truc avec des cigarettes, euh, allumettes, dans la nuit, un truc comme ça, je ne sais plus.
– La vie est une cerise, la mort est un noyau, l'amour un cerisier.
– Vous avez choisi ça pourquoi ?
– J'aime les cerises.
– C'est un auteur, poète oui.
– Fort heureusement chaque réussite est l'échec d'autre chose.
– Le jardin, des milliers et des milliers d'années ne sauraient suffire pour dire la seconde d'éternité où tu m'as embrassé, où je t'ai embrassée, un matin dans la lumière de l'hiver, au parc Montsouris à Paris, à Paris sur la terre.
– Jacques Prévert, Jacques Prévert, un poète, évidemment, bien sûr des fois j'ai pensé mettre fin à mes jours, mais je ne savais jamais par lequel commencer.
– Oui oui, c'est, quelque part c'est contestataire, c'est pas ce qu'on écrirait tous les jours.
– Qu'est-ce que ça vous rappelle, Jacques Prévert, qu'est-ce qui vous vient spontanément à l'esprit ?
– Euh ben des poèmes que j'ai oubliés d'ailleurs, mais, une orange sur la table, ta robe sur le tapis, et toi dans mon lit, doux présent du présent, fraîcheur de la nuit, chaleur de ma vie, je m'en souviens pas, mais c'est sympa.
– Mangez sur l'herbe, dépêchez-vous, un jour ou l'autre l'herbe mangera sur vous.
– Non mais c'est que j'adore les films, et j'adore *Quai*, *Quai des brumes*, et puis il a écrit aussi des chansons, il a écrit, enfin c'est quelqu'un, pour moi c'est les années 30 en France.
– *Quai des brumes*, pourquoi ce film plus qu'un autre ?
– Ah ben c'est très très romantique, et puis, non j'aime, j'aime tout, je vais le revoir tous les cinq ans.
– Jacques Prévert, qu'est-ce que ça vous évoque ?
– Le tableau noir, le poème sur le tableau noir, c'est, il représente le bonheur, j'ai oublié le nom du poème, c'est, ben c'est l'enfant qui, qui dessine sur le tableau, euh le visage du bonheur, c'est finalement la joie, c'est, c'est vraiment des thèmes liés à la joie et, et au bonheur.
– À, à quoi vous pensez spontanément ?
– L'inventaire de Prévert, des mots, enfin, enfin des mots qui, qu'on assemble, qui n'ont pas forcément des liens entre eux ou, mais malheureusement ça fait appel à des vieux souvenirs, le temps mène la vie dure à ceux qui veulent le tuer.
– Pourquoi celle-là ?
– Parce que ça me fait rire.

## Page 235 – Activité 12

– Joyeux anniversaire M'sieur Dutronc, première surprise dans cet album hommage de treize titres, Jacques Dutronc en duo avec Nicola Sirkis, le leader du groupe Indochine, à l'affiche de cet album de reprises de tubes de Dutronc plusieurs générations de la scène française, Julien Doré, Gaëtan Roussel, Zaz, Annie Cordy, Miossec, Francis Cabrel, Camélia Jordana, Tété, et bien sûr son fils Thomas Dutronc, en Corse, devant une bière, dans son café préféré, avec un Perfecto tout neuf que lui a offert Johnny Hallyday, fidèle à son image, Dutronc enchaîne les cigares et les ironies désabusées, mais cet hommage le fait carrément craquer.
– Un album pour mon anniversaire, ben j'aurais préféré quelque chose de plus utile, une machine à laver de douze kilos, par exemple, ben ça fait plaisir bien sûr, et j'ai, j'ai même eu du plaisir à, à l'écouter, alors j'étais content par exemple quand Joey Starr fait *L'Idole*, là ça me fait marrer, parce que c'est, c'est vraiment bien comme il l'a fait je trouve, Miossec, bon c'est, c'était sûr que ce serait bien, *Le temps de l'amour*.
– Quand il est dans son univers, très loin du show-biz, dans son village corse, au milieu de ses chats, Dutronc

se laisse traverser par le temps qui passe, confidences nostalgiques sur les amis disparus.

- J'ai pas le choix hein de toute façon, moi, ce qui comptait dans, dans ma vie énormément, à part bien sûr Françoise ou, ou Thomas bien sûr, j'ai même pas, je, je devrais même pas parler de ça, j'ai toujours eu beaucoup d'attirance pour l'amitié moi, plus que pour l'amour, voilà, l'amitié me paraissait plus vraie, j'ai toujours eu vraiment des, des amis vraiment, mais la plupart depuis des années, la plupart se sont, ben ils se sont absentés, ça, ça m'a touché parce que je suis pas prêt de les revoir.
- Et c'est dur de vivre avec ces absents qu'on a aimés?
- Non, non, non, non, je vis pour eux, enfin je vis pour eux, je, je fais comme s'ils étaient encore là, je, au lieu de boire un verre j'en bois deux, euh enfin non mais je veux dire, ils sont toujours présents, vraiment il y a, on peut pas, on peut pas s'absenter de ma tronche comme ça aussi rapidement.
- Étonnant derrière son humour, Dutronc le pudique ne maquille pas son spleen, voire sa déprime.
- Il y a eu un peu de déprime ici je dois avouer, heureusement que j'ai mes, mes petits amis, là les chats, j'ai des cordes hein pour me pendre, enfin j'ai tout ce qu'il faut, non mais je suis plus, plus dépressif que nostalgique en tout cas.

## Page 239 – Activité 11

- Après le succès au cinéma de son premier film, *Patients*, où il raconte son quotidien dans un centre de rééducation suite à un grave accident, Fabien Marsaud, alias Grand Corps Malade, revient avec un sixième album touchant baptisé *Plan B*, à 40 ans, le slameur trouve une nouvelle fois le ton juste pour se livrer, entre coups de cœur et coups de gueule, dans ce titre, *Plan B*, Grand Corps Malade l'affirme avec une force tranquille, dans la vie il n'y a pas d'échec, il faut juste changer d'espoir.
- Pour moi évidemment le meilleur exemple, c'est, c'est cette espèce de carrière artistique qui était pas du tout un plan A, qui est arrivée ben voilà suite à, à mon accident, mais en fait à la base moi, c'était surtout le sport mon truc, et finalement ce plan B s'avère très positif.
- Dans le morceau *1 000 vies*, l'artiste compare la vie à un jeu, le rubik's cube, ce casse-tête comporte plein de couleurs et de facettes et surtout une multitude de combinaisons.
- Donc voilà, on va, on va combiner, des fois on va se tromper, des fois on va changer d'avis, on va changer de sens, et puis à nous de trouver la bonne combinaison quoi, on est une même, une même personne, mais on peut avoir plusieurs vies, donc voilà il faut prendre le bon ascenseur ou la bonne passerelle au bon moment, faut trouver les liaisons.
- Dans ses vers le poète trouve aussi de jolis traits d'union, il se délecte à malaxer les mots, à jouer avec les sonorités, à affûter ses rimes, du grand art, comme sur le titre *Le langage du corps*, Grand Corps Malade aime rappeler que le slam ne relève pas de l'improvisation.
- Depuis le début il y a une espèce de fausse croyance qui est que le slam égale de l'impro, pas du tout, tous les slameurs dans les bars, ils écrivent, ils sortent leurs feuilles, c'est très écrit, très préparé, et de temps en temps comme dans le rap, t'as un freestyler fou qui est capable d'improviser, mais, mais c'est, c'est rarissime.
- Avec simplicité Grand Corps Malade célèbre la vie.
- Moi, il y a un moment dans ma vie où mon rêve, c'était d'être assis à table à bouffer un steak avec mes potes ou ma famille, parce qu'il y a un moment où ça je ne l'avais plus, j'étais coupé des, des plaisirs les plus simples, donc bon c'est vrai que quand t'as traversé ça, peut-être que t'as cette capacité de, de, de prendre du recul sur les choses et de profiter des petits moments, donc je, je célèbre tout ce qu'il y a à célébrer, c'est vrai j'en profite.
- Et pour prendre du recul, rien de tel qu'une petite bouffée de nostalgie.

N° de projet : 1028888 – Dépôt légal : juin 2021 – N° d'impression : J22/71888N
Imprimé en France en octobre 2022 sur les presses de l'Imprimerie Maury S.A.S. à Millau (12)